GUIA AVANÇADO DE REDES WIRELESS

VOLUME 1

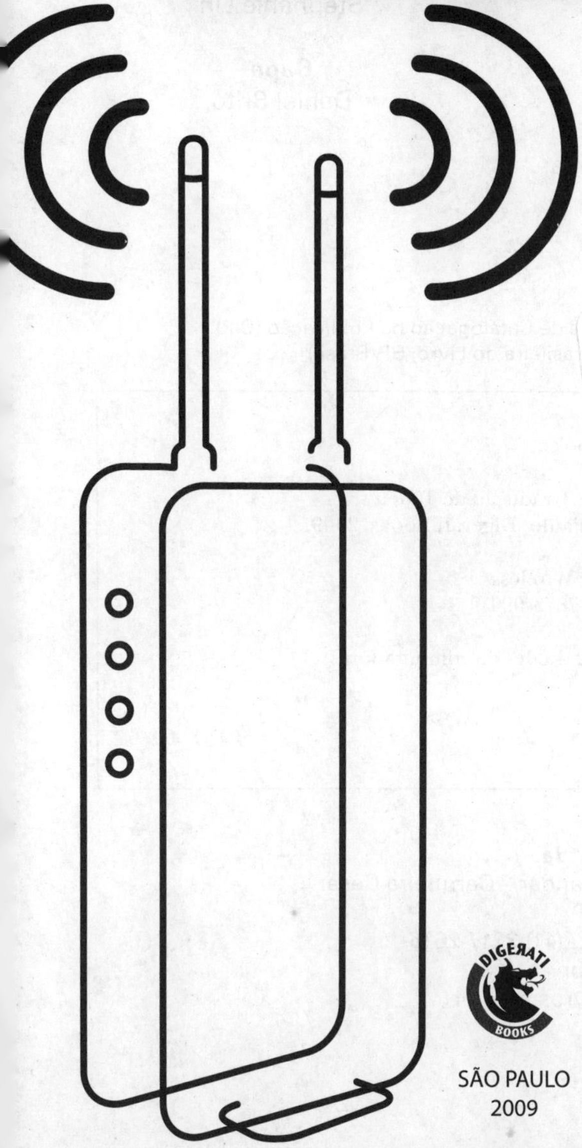

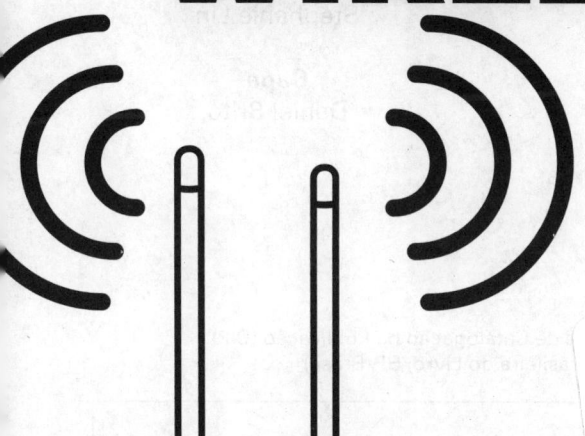

SÃO PAULO
2009

© **2009 by Digerati Books**
Todos os direitos reservados e protegidos pela Lei 9.610 de 19/02/1998. Nenhuma parte deste livro, sem autorização prévia por escrito da editora, poderá ser reproduzida ou transmitida sejam quais forem os meios empregados: eletrônicos, mecânicos, fotográficos, gravação ou quaisquer outros.

Diretor Editorial
Luis Matos

Projeto Gráfico
Daniele Fátima

Assistência Editorial
Regiane Barboza

Diagramação
Cláudio Alves
Stephanie Lin

Revisão Técnica
Tadeu Carmona

Capa
Daniel Brito

Revisão
Guilherme Laurito Summa

Dados Internacionais de Catalogação na Publicação (CIP)
(Câmara Brasileira do Livro, SP, Brasil)

M791w   Equipe Digerati Books.

           Wireless 01 / [tradução de Tadeu Carmona.] – São Paulo: Digerati Books, 2009.
           112 p.
           Tradução de: Wireless
           ISBN 978-85-7873-094-9

           1. Wireless. 2. Redes de computadores
I. Título.

CDD 004. 6

Universo dos Livros Editora Ltda.
Rua Haddock Lobo, 347 – 12º andar – Cerqueira César
CEP 01414-001 • São Paulo/SP
Telefone: (11) 3217-2600 • Fax: (11) 3217-2616
www.universodoslivros.com.br
e-mail: editor@universodoslivros.com.br

Sumário

Introdução 5

Capítulo 1 – Redes sem fio 7
O que é uma rede? 8
Classificação de redes 9
O que são as redes sem fio? 12
Diferenças em relação às redes cabeadas 13
Desvantagens das redes Wi-Fi 14
Como funciona o Wi-Fi? 14
Sinais sem fio 15
Bandas de frequência 17
Adicionar dados às ondas de rádio 20
O hardware 21

Capítulo 2 – Padrões sem fio 23
O que significa 802.11x? 24
Topologias Wireless 32

Capítulo 3 – Hardware 35
Hardware sem fio 36
Access Point 36
Adaptadores de rede sem fio 40
Edifício wireless 45
Antenas 46
Segurança em redes WLAN 50
Outros tipos de hardware wireless 52

Capítulo 4 – Como desenhar a rede? 53
Planificar a rede sem fio 54
Interfaces de configuração 57
Serviços de rede 58
Segurança e filtros 63
VPN 67

Capítulo 5 – Análise prévia 69
Escolher o hardware correto 70
Verificando o local 72
Conselhos para a instalação 73

Capítulo 6 – Configuração 77
Instalando uma rede wireless 78
O hardware: descrição 78
Instalação passo a passo 80
Ativando o servidor DHCP passo a passo 89
Compartilhar recursos 92

Capítulo 7 – Casa inteligente 95
A casa inteligente 96
O futuro das casas inteligentes 109

Introdução

Já faz alguns anos que as redes de dados são uma ferramenta fundamental no dia a dia das empresas, instituições e, inclusive, dos lares. Mas, nos últimos tempos, ganharam maior destaque as redes sem fio. Seus benefícios são amplos, motivo pelo qual podemos esperar que, no futuro, a transmissão de dados, Internet e de telefonia sejam estreitamente ligados a esse tipo de rede. Pouco a pouco, as empresas começaram a adaptar suas redes a essa tecnologia, motivo pelo qual haverá necessidade de técnicos especializados. Além disso, o conhecimento sobre esse tipo de rede será fundamental para sua implementação em ambiente doméstico.

Este livro, dividido em dois volumes, contém todos os conhecimentos teóricos e práticos necessários para realizar instalações de redes wireless com sucesso, além de ser material de referência fundamental para todos os interessados no presente e no futuro das redes sem fio.

O Editor

Capítulo 1

Redes sem fio

Neste capítulo, veremos quais são as vantagens e desvantagens de uma rede sem fios, e também as formas de comunicação que esta utiliza.

O que é uma rede?

Uma rede é um conjunto de computadores interconectados entre si, seja por meio de cabos, seja por meio de ondas de rádio (*wireless*).

O principal propósito ao se montar uma rede consiste em fazer com que todos os computadores que fazem parte dela estejam em condições de compartilhar sua informação e seus recursos com as demais máquinas. Dessa maneira, estaríamos economizando dinheiro, já que poderíamos, por exemplo, compartilhar um dispositivo, como uma impressora, por todos os computadores da empresa.

Os recursos que podem ser compartilhados em uma rede são:
- Processador e memória RAM, ao executar aplicações de outros PCs.
- Unidades de disco rígido.
- Unidades de disco flexível.
- Unidades de CD-ROM/DVD-ROM.
- Impressoras.
- Fax.
- Modem.
- Conexão à Internet.

Também é possível compartilhar a informação armazenada nos computadores conectados à rede como, por exemplo:
- Execução remota de programas.
- Bancos de dados.
- Documentos em geral (arquivos de texto, imagem, som, vídeo etc.).
- Diretórios (pastas).

Como vantagem adicional, a instalação de uma rede oferece uma interface de comunicação a todos os seus usuários. Isso é feito por meio da utilização do correio eletrônico, do chat e da videoconferência.

Classificação de redes

Existem dois tipos básicos de redes, definidas segundo sua localização: redes de área local (LAN) e redes de área extensa (WAN). A seguir, podemos encontrar uma ampla explicação sobre ambos os tipos e seus usos.

Redes de área local (LAN)

Denominam-se redes LAN (*Local Area Network*) aquelas que possuem computadores próximos, localizados na mesma casa, em diferentes pisos de um edifício ou em edifícios muito próximos.

As redes locais provêm uma excelente velocidade de transferência, que vai dos 10 até os 1.000 Mbps. Isso se deve à curta distância existente entre os computadores, que evita as interferências.

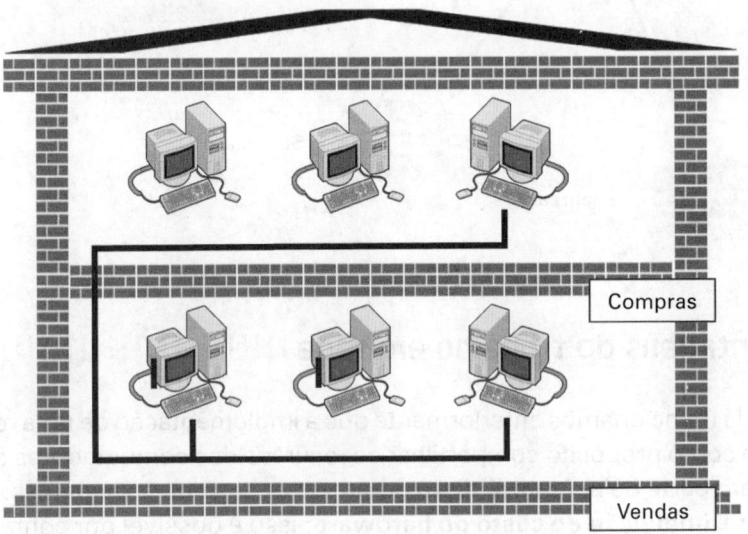

Figura 1.1.: Esquema de uma rede LAN.

Redes de área extensa (WAN)

As redes do tipo WAN (*Wide Area Network*) possuem os computadores que as possuem situados em lugares distantes, como diferentes cidades, províncias, regiões, países, continentes ou, simplesmente, edifícios muito distantes dentro de uma mesma zona. Essa peculiaridade favorece as interferências, que diminuem a velocidade de transferência dessas redes para 30 Mbps.

Geralmente utilizam linhas telefônicas para conectar-se entre si, aproveitando a infraestrutura disponibilizada pela Internet. Não obstante, as empresas de maior porte unem os computadores que formam parte de sua rede WAN mediante conexão via satélite conectando assim, por exemplo, sucursais situadas em diferentes países.

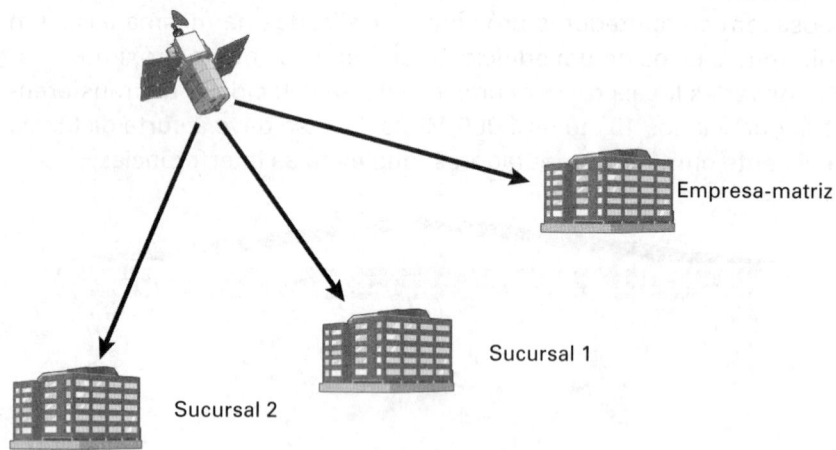

Figura 1.2.: Esquema de uma rede WAN.

Vantagens do trabalho em rede ||||||||||||||||||||||||||

Já mencionamos anteriormente que a implementação de uma rede tem como propósito compartilhar os recursos dos computadores que fazem parte dela. A partir disso geram-se as seguintes vantagens:

• **Diminuição do custo do hardware**: isso é possível por conta do compartilhamento de recursos de hardware. Por consequência, não é necessário, por exemplo, instalar uma impressora em cada computador, mas somente conseguir conectar uma das máquinas que formam a rede a uma impressora, fazendo com que as outras compartilhem o recurso.

• **Diminuição do custo do software**: isso é possível graças à economia feita ao se adquirir um conjunto de licenças para toda a rede, em vez de comprar um programa para cada PC em particular.

- **Intercâmbio de informação**: com a implementação de uma rede, evita-se a troca de informação entre computadores por meio de disquetes, CDs e outras mídias de armazenamento que possam ser danificadas ou perder-se. Nas redes, a troca de dados é feita de forma rápida e segura.
- **Backups ou cópias de segurança**: pode-se realizar somente uma cópia de segurança de todo o conteúdo da rede, obtendo-se disso maior velocidade em sua finalização, além de evitar backups fragmentados de cada máquina.
- **Espaço de armazenamento**: diminui-se a aparição de arquivos duplicados em várias máquinas, já que um computador central possui uma versão atualizada dos mesmos.
- **Atualizações**: traz velocidade ao evitar atualização da informação contida em todos os computadores.
- **Administração e comunicação dos funcionários**: com uma rede podemos administrar, controlar e auditar todos os funcionários que trabalham com um computador. Ademais, todos os funcionários interconectados podem comunicar-se entre si graças ao chat, correio eletrônico e videoconferência.
- **Segurança**: mediante uma rede é possível verificar e controlar os acessos não-autorizados, intrusões e intencionalidade de se destruir informação. É possível centralizar a segurança por meio do uso de contas de usuários e senhas.

Desvantagens do trabalho em rede

A seguir detalhamos as desvantagens da instalação de uma rede em uma empresa. Como veremos, é um número muito menor que o número de vantagens:

- **Investimento inicial**: para implementar uma rede é necessário um investimento de recursos, como tempo, dinheiro e esforço a fim de desenhá-la (compra, configuração e instalação de hardware e de software).
- **Capacitação de pessoal**: também é necessário investir muito tempo, dinheiro e esforço na capacitação de pessoal. Até que os funcionários consigam aprender o funcionamento básico da rede, pode produzir-se uma queda na produtividade.
- **Clima laboral**: pode ocorrer que a aprendizagem de uma nova tecnologia provoque problemas de adaptação do pessoal e gere certo mal-estar naqueles setores hostis à mudança.

O que são as redes sem fio?

Tal como seu nome indica, as redes sem fio são aquelas que não utilizam cabos. Redes de computadores desse tipo existem graças às ondas de rádio.

Essa tecnologia facilita em primeiro lugar o acesso a recursos em lugares onde é impossível a utilização de cabos, como zonas rurais pouco acessíveis.

Além disso, essas redes podem ampliar uma rede já existente e facilitar o acesso a usuários que se encontrem em um local remoto, sem a necessidade de conectar seus computadores a um hub ou a um switch por intermédio de cabos. Esses usuários poderiam acessar a rede de sua empresa ou o computador de sua casa por meio de uma conexão sem fio, sem configurações adicionais.

Claro que para isso seria necessário não só equipamentos, mas também os conhecimentos básicos para realizar a montagem da rede. A captação desses conhecimentos é o objetivo deste livro, que tem como finalidade fazer com que o leitor possa montar redes sem fio de forma eficiente e ágil.

No decorrer dos capítulos deste livro veremos detalhadamente todas as questões que devemos considerar para ter êxito na montagem de nossa rede e também todas as medidas de segurança que são necessárias ter em conta.

Antes de começar, vamos conhecer o significado dos termos fundamentais que utilizaremos nesta obra:

- **Wireless**: em inglês, seu significado é *sem cabos*. Denominam-se assim os dispositivos que não utilizam cabos para realizar o envio e a recepção de dados.
- **Wi-Fi**: abreviatura do termo inglês *Wireless Fidelity*. É o termo utilizado correntemente para uma rede local sem cabos (WLAN) de alta frequência.
- **WLAN** (*Wireless Local Area Network*, ou rede local sem fio): uma WLAN é um tipo de rede de área local (LAN) que utiliza ondas de rádio de alta frequência em lugar de cabos para comunicar e transmitir dados.
- **Bluetooth**: tecnologia e protocolo de conexão entre dispositivos sem fio. Inclui um chip específico para comunicar-se na banda de frequência compreendida entre 2,402 e 2,480 GHz, com um alcance máximo de 10 metros e taxas de transmissão de dados de até 721 Kbps.

Diferenças em relação às redes cabeadas

Uma pergunta que sempre é feita pelos interessados em redes wireless diz respeito à diferença entre estas e as redes cabeadas. As redes cabeadas possuem várias utilidades graças à sua estabilidade, performance e adaptação.

Isso foi possível, basicamente, por conta dos enormes avanços tecnológicos e por conta do progresso que representava poder compartilhar arquivos, periféricos, impressoras, escâneres e todo tipo de recursos dos computadores que fazem parte da rede.

Também podemos falar do desenvolvimento obtido por todas as empresas de tecnologia de redes. Essas empresas fabricaram centenas de produtos com os quais se conseguiu obter uma maior performance e conectividade ao longo dos anos. Para nomear somente alguns, podemos afirmar que os hubs, switches e roteadores foram as grandes estrelas dentro das redes cabeadas. Mas esses dispositivos e avanços não conseguiram o que conseguem as redes sem fio, e isso é o que veremos a seguir.

O que me oferece de novo uma rede wireless?

A principal vantagem que uma rede wireless possui frente a uma rede cabeada é a mobilidade. Na atualidade, muitos usuários e funcionários de empresas requerem o acesso remoto a seus arquivos, trabalhos e recursos. Uma rede wireless permite que isso seja feito sem realizar nenhuma tarefa complexa de conexão ou configuração, e evita que cada usuário precise ir até sua empresa ou sua casa para poder acessar aos recursos de sua rede de dados.

Em síntese, as redes sem fio – ao contrário de suas antecessoras – são:
- Mais simples de instalar.
- Mais facilmente escaláveis.
- Menos complexas em sua administração.

O fato dessas redes não possuírem cabos nos permite adaptá-las a quase qualquer estrutura, e prescindir da instalação de canaletas e de cabos posicionados de forma inoportuna, ou seja, cruzando escritórios, casas e, em alguns casos, até banheiros.

Através dessa tecnologia pode-se dispor de conexão à Internet quase em qualquer lugar onde se conte com tal serviço e, dessa forma, também de todas as vantagens que nos oferece esse tipo de rede nos que diz respeito à comunicação e informação.

Desvantagens das redes Wi-Fi

Nesta seção mostraremos algumas das desvantagens mais notórias que a instalação de uma rede wireless acarreta.

A primeira delas é a velocidade. Como veremos mais adiante, até o momento as redes Wi-Fi não superam a velocidade de 54 Mbps, enquanto as redes cabeadas já chegaram, há vários anos, aos 100 Mbps.

Outro ponto para se ter em conta é a segurança. Muitas redes wireless sofrem acessos não-autorizados, graças à inexperiência de quem as instalou e não configurou corretamente os parâmetros de segurança. Estas são invadidas por usuários que as acessam até com dispositivos simples como Palms, PDAs ou pequenos dispositivos portáteis. Por tais motivos, é imprescindível realizar a configuração dessas redes seguindo uma série de requisitos mínimos e indispensáveis no que diz respeito à segurança, tema que será tratado neste livro.

Outro ponto frágil presente nas redes wireless reside em sua propensão a interferências. Por conta da largura do sinal, o qual trabalha, na maioria das interfaces, com banda de 2,4 GHz, comunicações Wi-Fi costumam sofrer interferência por parte de artefatos comuns em qualquer casa ou escritório, como telefones sem fio, que utilizam essa mesma banda.

Como funciona o Wi-Fi?

Muitas vezes nos perguntamos sobre como dispositivos sem fio funcionam sem necessidade de cabos. Apesar de termos nos acostumado a eles, não sabemos como trabalham. Nas próximas linhas veremos como funciona essa tecnologia para ter um panorama mais claro que serva de introdução para explicar a forma como essa tecnologia trabalha.

Para transportar a informação de um ponto a outro da rede sem necessidade de um meio físico, utilizam-se ondas de rádio. Ao falar de ondas de rádio, referimo-nos normalmente a ondas portadoras de rádio sobre as quais se transporta a informação (transmitindo a energia até um receptor remoto).

A transmissão de dados entre dois computadores se realiza por meio de um processo conhecido como *modulação da portadora*. O aparato transmissor agrega dados a uma onda de rádio (*onda portadora*). Essa onda, ao chegar ao receptor, é analisada por este, o qual separa os dados úteis dos inúteis.

Uma frequência de rádio é a parte do espectro eletromagnético onde se geram ondas eletromagnéticas mediante a aplicação de corrente alternada a uma antena. Se as ondas são transmitidas por meio de distintas frequências de rádio, várias ondas portadoras podem existir simultaneamente sem interferir entre si, desde que possuam uma frequência distinta. Para extrair os dados, o receptor deve situar-se em uma determinada frequência (frequência portadora) e ignorar o resto.

Sinais sem fio

As primeiras redes sem fio conhecidas foram as infravermelhas, as quais trabalhavam com frequências de radiação eletromagnética mais baixa que as atuais redes wireless. Essas redes, que continuam existindo, possuem o inconveniente de requerer que não haja quase nenhum obstáculo entre um dispositivo e outro para que seja possível estabelecer uma boa comunicação entre elas. Do contrário, há perda de sinal e não se podem transferir dados entre elas. As atuais redes sem fio, por sua vez, solucionaram em grande parte esse inconveniente, permitindo que, por exemplo, dois PCs possam ser colocados em diferentes espaços, transmitindo informação com, inclusive, uma parede separando-os.

Poderíamos indicar uma vantagem na tecnologia infravermelha: não existem problemas de segurança nem de interferências, já que seus raios não podem atravessar os objetos sólidos.

A seguir, incluem-se alguns exemplos de dispositivos com tecnologia infravermelha:
- Palms
- Teclados
- Impressoras de rede
- Pocket PCs
- Telefones celulares

- Agendas eletrônicas
- Mouses

Configurações de rede para radiofrequência ||||||||||

As configurações de rede para radiofrequência podem ser de diversos tipos e tão simples ou complexas quanto seja necessário.

O exemplo mais básico consiste em dois computadores equipados com interfaces (placas de rede) wireless, de maneira tal que possam fazer com que funcione uma rede independente (sempre que se encontram dentro da área de cobertura das interfaces wireless). Esse tipo de rede é chamada de rede *peer-to-peer* (ponto a ponto). Cada computador possuirá acesso unicamente aos recursos do outro.

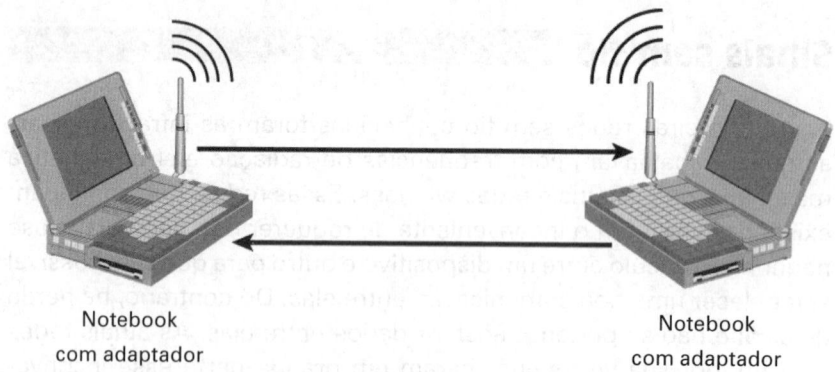

Notebook
com adaptador

Notebook
com adaptador

Figura 1.3.: Exemplo de conexão *peer-to-peer*.

Por meio da instalação de um *Access Point* (dispositivo que veremos detalhadamente mais adiante), é possível duplicar a distância através da qual os dispositivos podem comunicar-se, já que estes atuam como repetidores de sinal. Desde que o *Access Point* se conecte à rede, qualquer cliente terá acesso aos recursos do servidor. Além disso, esse dispositivo gerencia o tráfego da rede entre os terminais mais próximos. Cada *Access Point* pode servir a várias máquinas, segundo o tipo e o número de transmissões que se realizem.

Existe um grande número de aplicações no mundo real com grupos de 15 a 50 dispositivos clientes com um só *Access Point*. Os *Access Point* possuem um alcance finito, que geralmente é da ordem de 150 metros em lugares fechados e de 300 metros em áreas abertas.

Em zonas grandes como, por exemplo, um *campus* universitário ou um edifício, é provável que seja necessária a instalação de mais de um *Access Point* para repetição do sinal. O objetivo é cobrir a área com células de conectividade que se interpenetrem – assim os clientes poderiam mover-se sem cortes na conectividade entre os grupos de *Access Point*. Isso é chamado de *roaming*.

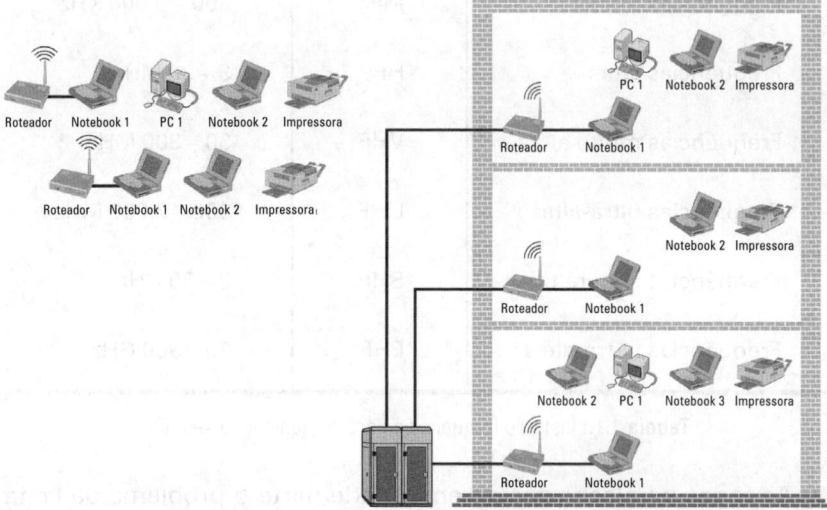

Figura 1.4.: Exemplo de *roaming* entre vários *Access Point*.

Bandas de frequência

As bandas de frequência são o resultado da divisão do espectro eletromagnético, com o objetivo de delimitar o acesso de usuários a determinadas bandas.

Nos Estados Unidos e outros países, as bandas de frequência são de 900 megahertz (MHz), 2,4 GHz e, em alguns casos, de até 5 GHz. Apesar dessas bandas de frequência não necessitarem de licença, os equipamentos que as utilizam devem estar certificados pelos órgãos reguladores do país onde se encontram.

Os dispositivos que não possuem licença são de baixa potência e seu alcance é limitado. Esses dispositivos devem ser muito resistentes às interferências, já que não é possível garantir aos usuários que eles possuem acesso exclusivo à frequência, nem que os dispositivos são à prova de intrusão.

Denominação	Siglas	Frequência
Frequências muito baixas	VLF	3 – 30 KHz
Frequências baixas	LF	30 – 300 KHz
Frequências médias	MF	300 – 3.000 KHz
Frequências altas	HF	3 – 30 MHz
Frequências muito altas	VHF	30 – 300 MHz
Frequências ultra-altas	UHF	300 – 3.000 MHz
Frequências superaltas	SHF	3 – 30 GHz
Frequências extra-altas	EHF	30 – 300 GHz

Tabela 1.1.: Lista de frequências para comunicação sem fio.

As redes wireless vencem em grande parte o problema da linha de visão, já que funcionam a uma frequência mais alta que outros aparatos no espectro eletromagnético. Essas redes funcionam a cerca de 2,4 GHz e, em alguns casos, a frequências maiores. Ainda assim, encontram-se abaixo do espectro de luz visível. Graças ao uso dessa frequência, a longitude da onda é tão imperceptível que consegue traspassar objetos sólidos.

É por isso que as redes sem fio funcionam perfeitamente sobre distâncias curtas em espaços interiores, ainda que, em certas ocasiões, alguns obstáculos possam interferir na transmissão.

Devido à natureza da tecnologia de rádio, os sinais de radiofrequência podem desvanecer-se ou serem bloqueados pela ação de materiais ambientais. A inspeção do local nos ajudará a identificar os elementos que afetam o sinal de forma negativa. A **Tabela 1.2** enumera os materiais que devemos considerar como indesejáveis ao realizar a instalação de uma rede wireless.

Material	Exemplo	Interferência
Madeira	Divisórias	Baixa
Vidro	Janelas	Baixa
Amianto	Tetos	Baixa
Gesso	Paredes interiores	Baixa
Ladrilho	Ladrilhos	Média
Folhagens	Árvores e plantas	Média
Água	Chuva/Névoa	Alta
Cerâmica	Telhas	Alta
Papel	Papel de parede	Alta
Vidro com alta concentração de chumbo	Janelas	Alta
Metais	Vigas, armários	Muito Alta

Tabela 1.2.: Materiais que provocam interferência nos sinais sem fio.

Devido ao fato das redes sem fio operarem em um espectro de frequências utilizado comumente por outras tecnologias, é possível encontrar interferências que influam negativamente no rendimento de nossa rede.

As tecnologias seguintes são algumas das que mais frequentemente encontraremos em casa ou no trabalho e que podem ser inconvenientes:
- Bluetooth
- Fornos de micro-ondas

- Alguns telefones sem fio (os que operam na faixa de 2,4 GHz ou mais)
- Outras redes WLAN

Adicionar dados às ondas de rádio

O fato de se utilizar uma parte do espectro eletromagnético que pode transpassar objetos sólidos foi uma descoberta importante, mas não a mais significativa na criação das redes sem fio. Um outro aspecto importante consistiu em saber de que maneira se trasmitem os dados através das ondas de rádio e como são classificadas pelo receptor.

Para enviar dados através de ondas de rádio utiliza-se um padrão de comunicação. Este consiste em um conjunto de normas estabelecidas por instituições regulador-certificadoras de Telecomunicações a fim de garantir que os dispositivos se comuniquem corretamente. O usuário (nós) não tem poder de escolha, já que a transferência de dados através de meios sem fio pode usar distintos tipos de padrões de comunicação, que serão comentados mais adiante.

Como evitar a sobreposição de sinais?

Além dos diferentes padrões de comunicação que esse tipo de tecnologia possui, há algo que todos têm em comum: a forma como são ordenados os sinais de dados sobrepostos. Em lugares com alta densidade populacional, podemos chegar a encontrar um grande número de aparelhos sem fio que estejam enviando sinais ao mesmo tempo utilizando um grupo similar de frequências.

Os dispositivos wireless usam dois tipos diferentes de estratégias para resolver essa sobreposição de sinais:

- FH ou FHSS (Frequency Hopping Spread Spectrum – espectro estendido com salto de frequências): nesse padrão, as frequências mudam em torno de 1.600 vezes por segundo. Esse tipo de padrão possui um grande número de padrões de salto para que as redes que utilizam esse espectro e se encontram próximas umas das outras não tenham possibilidade de usar a mesma frequência de forma simultânea.
- DS ou DSSS (Direct Sequence Spread Spectrum – espectro estendido de frequência direta): este espectro divide uma faixa de largura de banda em canais separados e não transmite durante um certo tempo em uma mesma frequência do canal. Devido à utiliza-

ção de canais distintos em uma mesma zona, há redes que podem chegar a sobrepor-se sem que o sinal de uma interfira nas outras.

Essas duas formas de transmissão de espectro estendido resistem às interferências, já que não há somente uma frequência em uso constante.

O salto de frequência pode trazer segurança, já que os padrões de salto podem evitar quase todos os analisadores de espectro e sniffers.

O hardware

Para estabelecer uma conexão sem fio é necessário, ao menos, realizar duas coisas: instalar placas de rede sem fio em cada um dos PCs e configurar um *Access Point*.

Como vimos anteriormente, o *Access Point* é um dispositivo que permite ampliar o alcance do sinal entre dois ou mais computadores conectados à rede, repetindo-o. Esse dispositivo é normalmente colocado em um lugar alto, mas poderia ser colocado em qualquer lugar onde se obtenha a cobertura de rádio desejada. O usuário acessa então a rede WLAN através de adaptadores (placas de rede) conectadas ao seu computador. Essas placas proporcionam uma interface entre o sistema operacional do usuário e as ondas, mediante uma antena.

Em uma configuração típica de WLAN sem cabo, os *Access Point* (switches sem fio) recebem a informação, a armazenam e a transmitem entre os computadores que os acessam. Se tivermos um único *Access Point*, este suportará um pequeno grupo de usuários e funcionará em um raio que pode ir de 30 até centenas de metros (dependendo da disposição ou não de antenas amplificadoras).

Figura 1.5.: Placa wireless PCMCIA, disponível para notebooks ou dispositivos portáteis.

Capítulo 2

Padrões sem fio

Neste capítulo veremos os padrões de comunicação que são utilizados pelos dispositivos sem fio, como os adaptadores de rede e os *Access Points*, para conseguir uma comunicação wireless. Também conheceremos suas características técnicas e suas respectivas velocidades.

O que significa 802.11x?

Com bastante frequência, observamos que os dispositivos wireless indicam, em suas caixas ou em suas descrições técnicas, que possuem determinados padrões de comunicação como, por exemplo, 802.11a, 802.11b, 802.11g etc. Mas, o que significam essas siglas?

Sempre que vemos esses padrões, isso significará que o dispositivo em questão suporta certo protocolo de comunicações criado pelo IEEE. Um protocolo de comunicações wireless consiste em uma série de normas que especificam as características de funcionamento dos dispositivos que compõem uma WLAN.

Em geral, os protocolos 802.11x ocupam-se de definir a tecnologia da rede local. Suas variantes apontam, antes de tudo, um avanço na velocidade de comunicação das redes wireless.

IEEE

É a sigla para *Institute of Electrical and Electronics Engineers* (Instituto de Engenheiros Elétricos e Eletrônicos). Trata-se de uma associação norte-americana, sem fins lucrativos, dedicada à padronização e integrada por profissionais de áreas tecnológicas (Telecomunicações, Eletrônica e Informática).

Foi criada nos Estados Unidos, em 1963, a partir de outras associações, como o AIEE (*American Institute of Electrical Engineers*) e o IRE (*Institute of Radio Engineers*).

O trabalho desse instituto consiste em promover a criatividade, o desenvolvimento e a integração, além de compartilhar e aplicar os avanços nas tecnologias da informação eletrônica e ciências em geral para benefício da humanidade e dos mesmos profissionais que compartilham esse ramo do conhecimento.

Além do IEEE, surgiram novas associações com o propósito de investigar as comunicações sem fio. A seguir, confira algumas delas:

- *Winforum*: criada em 1992, está composta por empresas de tecnologia que buscam conseguir bandas de frequência para comunicações.
- *Infrared Data Associaton* (IrDA): fundada em 1993 com o propósito de desenvolver WLANs baseadas em enlaces por infravermelho.
- *Wireless LAN Interoperability Forum* (WLI Forum): estabeleceu-se em 1996 e é formada por um grupo de empresas do setor de informática móvel e de serviços. Seu propósito é potencializar esse mercado mediante a criação de um amplo espectro de produtos e serviços interoperativos.

Breve história do 802.11

No ano de 1989 formou-se, dentro do IEEE, um comitê de estudo destinado a iniciar a confecção de uma norma para as WLANs. Em 1994, aparece o primeiro esboço do que logo seria a norma 802.11. Essa norma só seria terminada no início do ano de 1999.

Atualmente não existem no mercado dispositivos que incluam o padrão 802.11. Mas encontraremos as novas versões deste, cujas características são detalhadas a seguir:
- **802.11b**: possui velocidade que varia entre 5 e 11 Mbps. Trabalha sobre uma frequência de 2,4 GHz.
- **802.11a**: apesar de funcionar a uma velocidade maior (54 Mbps), era incompatível com a versão B. Caiu em desuso.
- **802.11g**: é o padrão mais adequado na atualidade, além de ser compatível com a versão B. Funciona a 54 Mbps.

Os engenheiros do IEEE aprovaram recentemente o padrão 802.11n, capaz de alcançar 500 Mbps de velocidade de transferência. Isso significará um aumento de quase dez vezes na velocidade máxima atual.

802.11a

Em setembro de 1999, o IEEE ratificou tanto a norma 802.11a, quanto a norma 802.11b. Especulou-se a possibilidade de que a primeira ganharia mais mercado e que em pouco tempo se converteria no padrão das comunicações em WLAN, graças à sua velocidade de 54 Mbps.

Ademais, essa norma passeava por um segmento do espectro radioelétrico até esse momento ainda não usado: a Banda UNII de 5 GHz. Ou seja, os dispositivos equipados sob essa norma funcionariam a uma velocidade várias vezes superior à do padrão 802.11b e utilizariam um espectro quase sem interferências em comparação com o espectro de 2,4 GHz que utilizam inclusive alguns telefones sem fio.

Os problemas surgiram quando se lançou no mercado a versão A. Esta foi lançada mais tarde que a versão B, mas trouxe consigo um problema: ser incompatível com a 802.11b, que já havia sido adotada por um grande número de consumidores. Outro defeito era seu preço elevado em comparação à versão B.

Vantagens

As principais vantagens dessa norma estão em sua menor interferência, graças à utilização de banda de 5 GHz, e sua velocidade de até 54 Mbps, sem rival dentre seus competidores até o momento.

Desvantagens

Entre seus defeitos destacamos que seu custo segue sendo elevado, apesar de anos passados desde sua criação. Boa parte dos fabricantes de dispositivos wireless lhe deu as costas e preferiram lançar seus produtos sob os padrões B ou G.

Ademais, seu alcance é limitado em comparação com o das outras normas. Por conta disso, os usuários que quiserem migrar para essa tecnologia têm, para que ela funcione eficientemente, de instalar mais *Access Points*, o que aumentaria consideravelmente seus custos.

A respeito das placas PCMCIA ou PC Express, elas devem ser colocadas em uma entrada especial de 32 bits, denominada *CardBus*, presente na maioria dos notebooks, mas não em palmtops ou PDAs.

Algumas recomendações

Se nossa intenção é criar uma conexão ponto a ponto entre dois locais remotos, essa tecnologia é a ideal. Ao usar o espectro de 5 GHz, evitamos um grande número de interferências. Mas devemos considerar que, para estabelecer uma comunicação ponto a ponto (por exemplo, entre edifícios), é necessário contar com uma antena externa que aponte para o outro local: a visão entre as antenas deve ser a mais clara possível.

Se, ao contrário, desejamos montar uma WLAN caseira ou corporativa, esse padrão não é o mais recomendável. Sua incompatibilidade com os padrões B e G impedirá que qualquer visitante que conte com alguma dessas tecnologias conecte-se à nossa rede.

Outra questão a considerar é seu custo, maior que o de seus pares B e G.

Se bem que, se a cobertura desse padrão for menor quando comparada a dos outros, podemos considerar isso uma vantagem em relação à segurança: torna-se mais difícil que um intruso ingresse em nossa rede devido ao seu curto alcance. De todo jeito, aprofundaremo-nos nesse tema mais adiante.

802.11b

O padrão 802.11b transformou-se, durante certo tempo, no padrão para redes sem fio graças a todas as características que enumeramos anteriormente. De todo jeito, repassamos a seguir alguns de seus aspectos.

A velocidade desse padrão é de 11 Mbps, se não houver obstáculos importantes. Nesse caso, funcionaria a uma velocidade menor, cerca de 5 ou 6 Mbps, ou até menos.

Em contraposição ao 802.11a, esse padrão utiliza a frequência de 2,4 GHz e maneja DSSS para evitar a sobreposição de dados. Seleciona de forma automática a velocidade de acordo com a intensidade do sinal nesse momento, que poderia ser de 1, 2, 5,5 ou 11 Mbps.

A maioria dos dispositivos adotou o 802.11b devido à sua facilidade no tocante a compartilhar conexão de Internet entre vários computadores e possuir uma grande velocidade em comparação às conexões atuais. Como tais vantagens existem também no padrão 802.11g, o 802.11b caiu em relativo desuso, excetuando-se o uso de hardware e infraestrutura legados.

Vantagens

Sua principal vantagem reside em sua compatibilidade: é o padrão atual de redes WLAN. Ademais, em muitos lugares públicos instalou-se esse padrão para que os usuários tenham acesso à Internet. Quanto ao seu custo, é relativamente baixo em comparação com os padrões A e G.

Desvantagens

A desvantagem mais visível é sua velocidade máxima: 11 Mbps não são aconselháveis para transferir dados que ocupem muito espaço.

Outra falha desse padrão é sua propensão a interferências, já que utiliza uma banda de 2,4 GHz. Além disso, é mais inseguro devido ao seu maior alcance, o que o torna mais propício a acessos indevidos.

802.11g

No ano de 2003, o IEEE aprovou a norma 802.11g. Os fabricantes de dispositivos wireless o lançaram no mercado antes que o organismo o aprovasse, justificando-se nesse sentido com base nos documentos prévios e suas alentadoras notícias sobre o padrão.

Caso existam interferências no local onde será instalado, a velocidade do padrão pode ser reduzida e baixar até os 20 ou 25 Mbps. De todas as formas, supera amplamente a versão B nesse quesito.

Vantagens

Sua principal vantagem consiste na compatibilidade total que oferece no que diz respeito à norma 802.11b. Ademais, provê uma velocidade várias vezes superior à dessa tecnologia. Ao utilizar a mesma frequência que o padrão 802.11b, podem-se empregar as antenas usadas por esse padrão.

Desvantagens

Sua fraqueza reside no fato de que sofre interferências ao usar a frequência de 2,4 GHz. Além disso, é incompatível com o padrão 802.11a e sua implementação é mais cara que a do padrão 802.11b.

Algumas recomendações

Sem nenhuma dúvida, o 802.11g é o novo padrão da tecnologia wireless. Por conta disso, se desejamos instalar uma nova rede é recomendável fazê-lo utilizando dispositivos com essa norma.

Caso já exista uma rede funcionando com base no padrão B, poderíamos migrar para outro padrão sem inconvenientes graças à compatibilidade que existe entre ambas, com a vantagem de que, após a migração, o rendimento da rede será várias vezes superior.

	802.11b	802.11a	802.11g
Popularidade	Amplamente adotado.	Atualmente em desuso.	Amplamente adotado na atualidade.
Velocidade	Até 11 Mbps.	Até 54 Mbps.	Até 54 Mbps. Nota: os serviços de cabo/modem raras vezes proporcionam mais de 4 ou 5 Mbps de velocidade.
Banda	Virtualmente 2,4 GHz.	2,4 GHz.	2,4 GHz.
Alcance	Bom alcance. Geralmente entre 30 e 50 m em interiores, dependendo dos materiais utilizados.	Menor alcance do que as redes 802.11b e 802.11g. Normalmente de 8 a 25 m.	Bom alcance. Geralmente entre 50 e 100 m.

Tabela 2.1.: Tabela comparativa com as características dos padrões wireless.

802.16

Publicado em abril de 2002, é um padrão desenhado para enlaces fixos (ponto a ponto) de rádio com visão direta (Os) entre o dispositivo transmissor e o receptor. Foi criado com o objetivo de cobrir grandes distâncias, usando para isso várias frequências dentro da banda de 10 a 66 GHz.

Em março do ano seguinte foi lançado o protocolo 802.16a, chamado de *WiMax*. Essa norma opera em um intervalo de 2 a 11 GHz, parte do qual não requer licença para sua operação. Pode ser utilizada em topologias ponto a multiponto e também em redes em malha, não sendo necessária uma linha de visão direta.

Opera nas bandas de 3,5 GHz e 10,5 GHz, válidas em nível mundial e que requerem licença (2,5-2,7 nos Estados Unidos). Ademais, usa as bandas de 2,4 GHz e 5,725-5,825 GHz, que são de uso comum e não requerem licença alguma.

Essa norma foi desenhada para instalação de redes de área metropolitana (MAN, *Metropolitan Area Network*), já que sua cobertura abarca entre 40 e 70 quilômetros. Isso a transforma na solução ideal para prover serviços wireless a cidades inteiras.

Vantagens

A principal vantagem desse padrão reside em sua cobertura: abarca superfícies de até vários quilômetros. Além disso, sua velocidade é amplamente superior às anteriores: alcança os 75 Mbps. Outra de suas vantagens consiste em sua compatibilidade com a norma IEEE 802.11.

Grandes empresas de tecnologia estão desenvolvendo projetos com esse padrão, o que lhes faz supor um futuro promissor.

Desvantagens

Entre os defeitos desse padrão o principal é que várias das frequências utilizadas pelas duas versões do 802.16x são licenciadas. Além disso, são tendentes a interferências, já que os fenômenos meteorológicos causam obstáculos ao sinal na longitude das ondas compreendidas entre 10 e 66 GHz. Em relação ao fator preço, o custo é maior que o das atuais redes 802.11x.

Algumas recomendações

O mais provável é que, com a tecnologia WiMax 802.16x, implementem-se serviços de banda larga em países emergentes sem a necessidade de cabeamento, o que simplificaria o acesso a essa tecnologia.

O fato de ser compatível com a versão 802.11x faz com que os usuários possam usar o hardware existente, e os *hotspots* instalados em lugares públicos possam ser utilizados sem necessidade de mudanças. Por isso, se decidimos por implementar tecnologia sem fio, não esperemos que os preços baixem e implementemos o padrão 802.11x sem problemas, por conta da compatibilidade com outros padrões e serviços que este gozará durante anos.

Figura 2.1.: As antenas WiMax oferecem uma conexão do tipo sem fio voltada para aplicações em grandes distâncias.

Dispositivos de Banda dual ||||||||||||||||||||||||||||||

Anteriormente vimos que a tecnologia 802.11a não era compatível com as tecnologias B e G. Mas, recentemente, surgiram no mercado adaptadores de rede e *Access Points* que nos oferecem a possibilidade de comunicação com a versão A – ou vice-versa – graças a uma tecnologia denominada *Banda dual*.

Se possuirmos um notebook e adicionarmos a ele um adaptador Express Card Wireless Dual Band, poderemos nos conectar, sem inconvenientes, tanto nas redes 802.11a e 802.11b, como também nas redes 802.11g. Apesar de seu custo ser superior ao de adaptadores simples, essas placas são de suma utilidade para aquelas pessoas que se movimentam de um lado a outro e não desejam perder conectividade.

Topologias Wireless

Quando falamos de topologia, fazemos referência à disposição lógica dos dispositivos. Por sua vez, ao falarmos de funcionamento, remetemo-nos à forma de atuar de cada um desses dispositivos na topologia que escolhemos.

Nas redes wireless existem duas topologias básicas: a topologia *Ad Hoc* e a topologia de Infraestrutura.

Topologia *Ad Hoc*

Nessa topologia são os dispositivos sem fio (placas de rede) os que criam a rede LAN. Cada nó de nossa rede se comunica de forma *peer-to-peer* com os outros dispositivos que querem se conectar, tudo isso sem a necessidade de passar por um *Access Point*.

Para poder operar dessa maneira, só precisamos dispor de um *SSID* igual para todos os nós, além de não ultrapassar um número razoável de dispositivos, o que pode reduzir o rendimento da rede.

A topologia *Ad Hoc* é muito útil em locais com poucos computadores que não necessitam de conexão com outra rede. Por exemplo, em uma casa pode-se usar essa topologia para compartilhar arquivos entre os nós disponíveis.

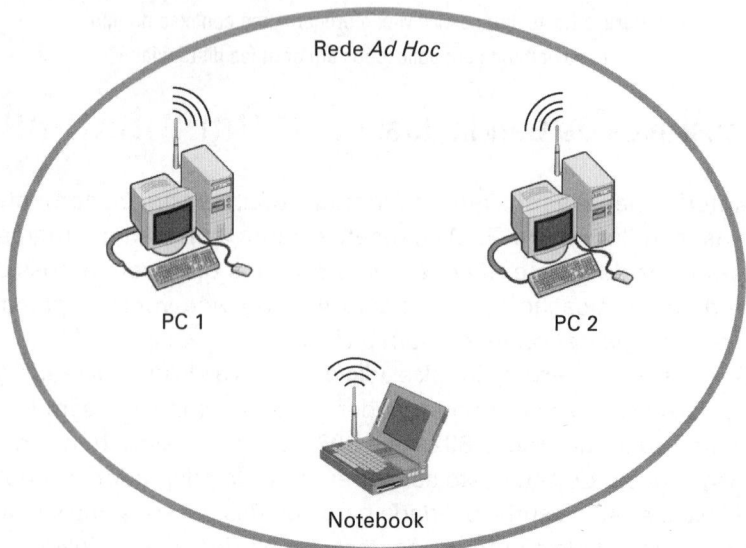

Figura 2.2.: Exemplo de uma rede *Ad Hoc*.

Topologia de Infraestrutura

Nessa topologia utiliza-se um *Access Point*, que faz as vezes de nó central, para conectar ao restante dos computadores. Se fizermos uma comparação com as redes cabeadas, sua função é similar a de um switch ou roteador caseiro. Esse *Access Point* tem como função encaminhar as rotas até uma rede convencional ou até outras redes distintas. Nesse caso, para poder estabelecer a comunicação, todos os nós devem estar situados dentro da zona de cobertura do *Access Point* (**Figura 2.3**).

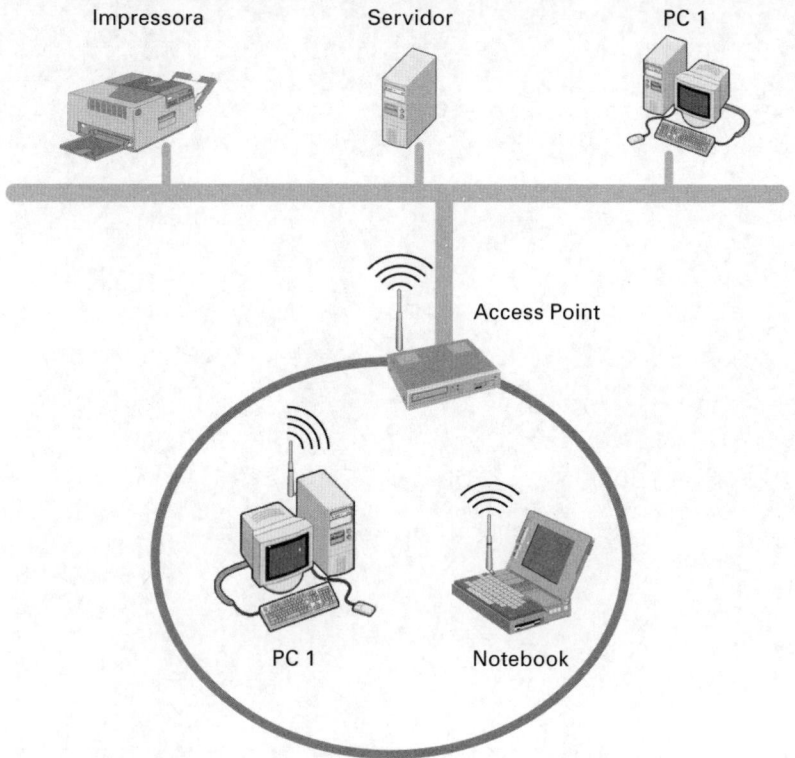

Figura 2.3.: Exemplo de uma rede que utiliza a topologia de Infraestrutura.

Capítulo 3

Hardware

Neste capítulo estudaremos os dispositivos de hardware que são utilizados para a montagem de uma rede wireless.

Além disso, veremos as antenas necessárias para estender nossa rede, os últimos microprocessadores com tecnologia que suporta esse tipo de rede e os últimos dispositivos wireless disponíveis no mercado.

Hardware sem fio

No capítulo anterior conhecemos os padrões de redes sem fio utilizados na atualidade, assim como outros que, em forma progressiva, estão sendo implementados, como é o caso das redes WiMax (802.16). Além disso, vimos as topologias usadas por quem costuma instalar redes wireless.

Nas próximas linhas, veremos detalhadamente o hardware necessário para a montagem da rede e as descrições técnicas de cada um desses dispositivos. Os conhecimentos apresentados neste capítulo e nos anteriores nos servirão de base na hora de escolher os componentes necessários para a rede que instalaremos.

Access Point

Um *Access Point* possui, na rede wireless, uma função similar à de um switch ou hub em uma rede cabeada: comunicar os computadores entre si e efetuar um roteamento inteligente de pacotes. Possui, no entanto, a diferença de contar com aplicações adicionais: na maioria dos casos, esses equipamentos possuem um firewall e um filtro de conteúdos Web.

Para montar uma rede Wireless, não é imprescindível contar com um *Access Point*, já que poderíamos montar uma rede com topologia *Ad Hoc*, como vimos no capítulo anterior. Isso significa que, possuindo placas de rede wireless em cada um de nossos computadores e trabalhando com uma configuração correta, obteremos uma rede 100% funcional.

Então, para que servem os *Access Point*? Os *Access Point* são o cérebro de uma rede wireless. Esses dispositivos possuem uma grande variedade de funções, algumas delas optativas, que poderemos configurar de forma manual segundo nossas próprias necessidades.

Os *Access Point* (AP) possuem um ou mais transceptores sem fio que se encarregam de enviar e receber informação de computadores equipados com adaptadores de rede (placas de rede wireless) assim como de outros dispositivos com tecnologia sem fio, como os últimos modelos de palmtops ou PDAs.

A conexão entre um computador e um *Access Point* é chamada de associação cliente e representa a função básica de um *Access Point*. Isso significa que o *Access Point* funcionará como um switch que, além disso, fará o roteamento de pacotes entre os computadores que estão conectados a ele. Por conta disso, é conveniente ter um *Access Point* em nossa rede wireless para liberar nosso PC de processamento extra e de efetuar o controle da transmissão de dados. Caso contrário, o roteamento seria feito por nosso computador e, como consequência, haveria diminuição de seu rendimento.

Figura 3.1.: O *Access Point* da Netgear possui as características necessárias para conectar uma rede cabeada com uma rede wireless.

Uma outra função de um *Access Point* é a de *bridge*, um dispositivo que pode conectar os computadores de uma rede sem fio com os de uma rede cabeada. Isso não acarreta grandes inconvenientes, já que conectando um cabo Ethernet da rede cabeada ao *Access Point* da rede sem fio, estes se tornariam comunicáveis entre si. Obviamente, deveremos garantir que nosso *Access Point* disponha de portas Ethernet para poder realizar essa tarefa. Muitos modelos atuais desses dispositivos possuem cinco portas Ethernet: uma para conectar o enlace de banda larga e outras quatro para conectar computadores cabeados com cabo UTP.

Outras funções do *Access Point*

Um *Access Point* pode realizar um grande número de funções, além das descritas anteriormente. A seguir, incluímos uma lista com as mais gerais, adotadas por quase todos os fabricantes:
- Funcionalidade de firewall.
- Hosts DMZ e Suporte VPN.
- Controle de acesso à Internet.
- Servidor DHCP.
- Lista de Acesso (ACL).
- Suporte de *Scheduling* para definir calendários de conexão.
- *URL Filtering* (filtro de conteúdo Web).
- Possibilidade de configuração via Web.

É claro que, quanto maior a quantidade de funções, maior o custo do produto.

Access Point de hardware e via software

Quando vemos uma imagem desses dispositivos, parecem tratar-se de um aparato de hardware, mas é importante saber que isso não é verdade em todos os casos. Existe no mercado uma grande variedade de softwares cuja função reside em converter uma placa de rede wireless instalada em nosso PC em um *Access Point*, com a desvantagem de que, se nosso computador tem algum "problema", o serviço será suspenso para toda a rede.

A seu favor, podemos destacar o fato de que seu uso evita o gasto que há em adquirir um *Access Point*, ainda que, ultimamente, o preço desses dispositivos esteja diminuindo. Recomendamos, para a maioria dos casos, a instalação de um *Access Point* para cada rede sem fio.

Se você está interessado na compra de um *Access Point*, aconselhamos que você adquira aqueles que cumprem com a norma 802.11g, já que seu preço é similar ao de um dispositivo sob a norma 802.11b, mas possuindo um rendimento altamente superior. Com relação às marcas, podemos destacar Linksys, D-Link, Senao e Netgear.

Comparativo de *Access Point*

É importante que vejamos um comparativo de *Access Point* a fim de determinar qual marca e modelo nos conviria adquirir no futuro.

Por conta disso, incluímos uma tabela que compara as características técnicas de algumas das marcas líderes de mercado.

Marca	Linksys	D-Link
Modelo	WAP54g	DWL-700AP
Tecnologia	802.11g	802.11a/b/g
GHz	2,4	2,4
Velocidade máxima	54 Mbps	54 Mbps
Algoritmos de encriptação	WPA-RADIUS	AES, TKIP/802.1x
WEP	128 bits	152 bits
Antena externa incluída	Sim	Sim
Detalhes	–	–
Sistemas operacionais suportados	Windows 98 SE/ME/ 2000/XP	Todos
Via de configuração	WEB UI	Web/Telnet/ SNMP/ Proprietária
Endereço Web	www.linksys.com	www.dlink.com

Tabela 3.1.: Comparativo de serviços de três *Access Point*.

Figura 3.2.: Nesta figura vemos um *Access Point* da Linksys, o qual participou de nosso comparativo.

Hardware

Adaptadores de rede sem fio

Anteriormente vimos a definição das características particulares que devemos ter em conta na hora de adquirir um *Access Point*. Agora falaremos sobre os seus eternos sócios: os adaptadores de rede sem fio.

Vale lembrar que as placas de rede são os dispositivos encarregados de possibilitar que o computador se conecte com o resto da rede. Em nosso caso, ao se falar de dispositivos wireless, eles farão essa conexão sem cabos e com os mesmos padrões e normas que já citamos nos capítulos anteriores. Obviamente elegeremos a norma, e seremos responsáveis por tomar a decisão apropriada, a qual será muito mais clara com o transcorrer deste capítulo.

Esses adaptadores de rede wireless podem ser internos, externos ou de formato PCMCIA/Express Card (muito frequentemente utilizados em notebooks). Nesta seção do capítulo falaremos de forma detalhada sobre essas tecnologias indispensáveis para poder conectar máquinas entre si (*Ad Hoc*), e que, além disso, utilizam como nó central um *Access Point* (Infraestrutura).

Adaptadores sem fio internos

Se nos lembrarmos das antigas placas de rede para redes LAN, notaremos que estas possuíam, em geral, dois conectores: um para conectores RJ-45 (Ethernet) e outro para cabo coaxial. No caso das placas de rede wireless não temos esses dois conectores. Elas incluem unicamente uma antena que se encarrega de levar a cabo a conexão e transmissão de dados, tanto via *Access Point* como com outros adaptadores de rede, segundo a topologia de rede que escolhemos.

Os adaptadores mais econômicos que existem no mercado são os que utilizam conector PCI. Estes se conectam ao slot PCI interno de nosso PC e possuem uma antena que efetua a comunicação. Após conectar a placa, a única coisa que devemos fazer é instalar os controladores (drivers) contidos no CD de instalação que acompanha o dispositivo.

Existem várias marcas e velocidades, motivo pelo qual a escolha destes deve realizar-se sobre a base da topologia de rede que escolhemos e com a velocidade do padrão correspondente.

Atualmente, graças aos preços desses adaptadores, o mais conveniente é optar pelo padrão 802.11g, já que ele funciona a uma velocidade cinco vezes mais rápida em relação ao 802.11b. Além disso, é totalmente compatível com a versão B e seu preço não é excessivo.

Entre os atuais adaptadores ou placas PCI wireless, temos também as placas trimodo, que trabalham com os três modos ou padrões que nomeamos anteriormente: 802.11 A, B e G. Essas placas são ideais para as pessoas que têm de conectar-se a redes wireless de distintos padrões como, por exemplo, um consultor de sistemas ou qualquer pessoa que viaje com seu notebook ou PDA a diferentes empresas ou países e queira evitar ficar "desconectado".

Essas placas trimodo são mais custosas que as convencionais, mas são uma excelente solução para os usuários móveis.

Tenhamos em conta que todas essas placas são acompanhadas de seus respectivos drivers para Windows. Caso utilizemos alguma distribuição Linux, devemos ter certeza de que os drivers da placa adaptadora de rede sejam compatíveis com nossa versão do *kernel*. Além disso, deveremos nos certificar de que os drivers se encontrem disponíveis tanto no CD de instalação incluído com o dispositivo quanto no endereço Web do fabricante.

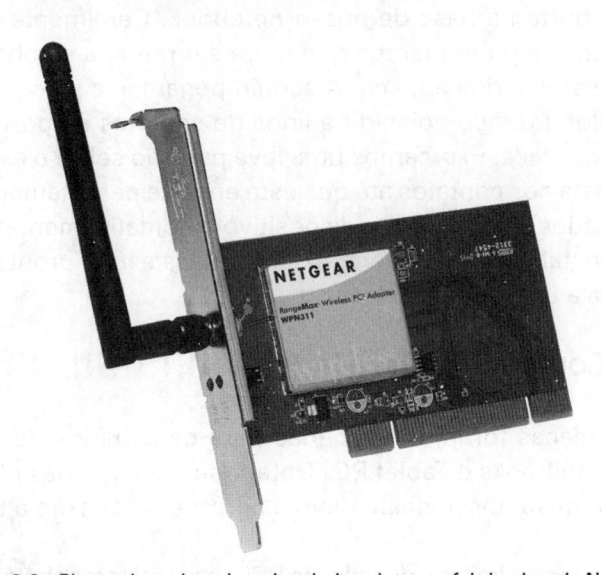

Figura 3.3.: Placa adaptadora de rede wireless interna, fabricada pela Netgear.

Placas Mini-PCI |||||||||||||||||||||||||||||||||||||||||||||

Quando foram lançados no mercado os primeiros notebooks, só podiam-se utilizar os dispositivos que esses computadores portáteis continham. Se quiséssemos nos comunicar com outro computador, deveríamos fazer uso das portas seriais, paralelas ou da placa de rede on-board (interna), a qual era incluída nos notebooks para a conexão com a rede.

Essa situação foi muito frequente entre os usuários desses equipamentos. Por conta dela foi bastante comum o uso de placas PCMCIA de rede, modem, ou de ambas. O problema residia em que a maioria dos notebooks possuíam somente um conector PCMCIA, o qual impossibilitava, por exemplo, a instalação, ao mesmo tempo, de uma webcam de interface PCMCIA e de uma placa de rede sem fio. Para solucionar esse problema, apareceu o formato Mini-PCI.

Os fabricantes de notebooks importaram a arquitetura e características elétricas dos desktops – onde se utiliza a interface PCI– para os notebooks, reduzindo o tamanho da placa a tal ponto que chegaram a ser ainda menores que as placas PCMCIA. Além disso, as placas Mini-PCI eram instaladas dentro do computador, e então liberavam os slots PCMCIA para outras aplicações.

Instalar uma placa Mini-PCI é muito fácil. Para isso, devemos encontrar a porta na base de nosso notebook. Geralmente os novos modelos incluem uma tampa que pode ser retirada e cobre a porta onde vai ser inserida a placa. A seguir, pegamos a placa e a inserimos no slot, fazendo coincidir a linha de contatos da porta com os contatos da placa. Exercemos uma leve pressão sobre o extremo da placa oposta aos contatos até que esta encaixe perfeitamente. Logo, o computador reconhecerá o dispositivo automaticamente e nos pedirá que instalemos os drivers. Aí sim a placa estará pronta para ser conectada a uma rede wireless.

Placas CompactFlash

Essas placas foram desenhadas para os usuários de PDA, Pocket PC, notebooks e Tablet PC. Tratam-se de pequenas placas que se conectam ao nosso dispositivo e permitem conexão a uma rede wireless.

Sua função é similar a das placas PCI, mas seu tamanho é tão reduzido que não podem ser introduzidas nesse tipo de slot. Atualmente, existe um grande número de fabricantes dessas placas, compatíveis com todos os padrões utilizados em redes sem fio. Essas placas, em sua maioria, são compatíveis com as topologias *Ad Hoc* e de Infraestrutura. Além disso, possuem uma cobertura sem fio em interiores de até 100 m e em exteriores (sem obstáculos) de até 300 m.

Figura 3.4.: Placa CompactFlash da Linksys.

Adaptadores de rede sem fio externos ||||||||||||||||||

Como seu próprio nome indica, tratam-se de adaptadores de rede sem fio externos aos dispositivos. São conectados a alguma porta de nosso computador e não a um slot interno. Esses dispositivos são especialmente úteis, sobretudo se não temos à disposição slots livres e necessitamos de conectividade.

No mercado atual, existe um grande número de placas wireless que podem se conectar a uma porta USB de nosso computador. São fáceis de instalar, ocupam pouco espaço e trazem um excelente rendimento na transmissão de dados.

Recordemos também a velocidade com que funcionam as duas versões de portas USB:
- **USB 1.0:** 12 Mbps.
- **USB 2.0:** entre 1,5 e 480 Mbps.

Atualmente estão sendo fabricados adaptadores wireless USB sob o padrão 802.11b. Portanto, e mesmo que tenhamos disponível uma porta USB bem antiga, dado que a velocidade do padrão é inferior à alcançada pelo USB 2.0, não ocorrerão inconvenientes de velocidade.

Tampouco deve causar estranheza o recente aparecimento desses mesmos adaptadores, mas com o padrão 802.11g, já que o USB 2.0 supera amplamente os 54 Mbps alcançados por aquele.

Hardware

Figura 3.5.: Adaptador de rede externo USB, fabricado pela Linksys.

Compartilhando Internet em redes wireless ||||||||||||

Uma das tarefas mais realizadas em redes sem fio é, sem nenhuma dúvida, a de compartilhar a conexão de Internet com toda a rede. A grande maioria dos *Access Point* disponíveis atualmente no mercado incluem uma porta Ethernet que tem como finalidade conectá-los a nosso serviço de banda larga.

O *Access Point* se conectará, por meio de sua antena, com todos os computadores que fazem parte da rede. Dessa maneira, teremos conexão à Internet graças ao fato de sua porta Ethernet estar conectada ao modem ou roteador do provedor.

Quando o dispositivo que provê acesso à Internet está conectado ao *Access Point* também podemos utilizá-lo a partir da porta de enlace (*Gateway*) para que a rede possua serviço de Internet. Com isso, será permitido o compartilhamento de Internet tanto com os computadores com placas de rede wireless, como com as máquinas de uma rede LAN conectadas a um *Access Point* que usem este como porta de enlace.

Edifício wireless

Com o propósito de exemplificar a montagem de uma rede wireless, vamos utilizar uma anedota que me ocorreu faz não muito tempo.

Ocorreu que um dos vizinhos de um pequeno edifício possuía uma conexão de banda larga de 1 Mbps. Levando-se em conta o fato de que não estava em dia com seu apartamento, decidiu compartilhar sua conexão de Internet com o resto do edifício com o objetivo de reduzir o custo do serviço. Desse modo, convenceu a todos os seus vizinhos de que instalassem adaptadores de rede wireless em seus computadores, enquanto ele instalaria o *Access Point* que possuiria o acesso à Internet. Um desses vizinhos nos contatou para que realizássemos a instalação e configuração da rede wireless.

Os passos para a instalação foram os seguintes:
• Instalar e configurar os adaptadores de rede nos computadores.
• Instalar e configurar o *Access Point* para uma rede de Infraestrutura e, além disso, configurar o firewall e o servidor DHCP. Na porta WAN, conectar o serviço de banda larga.
• Configurar os computadores dos vizinhos para que acessassem a Internet através do *Access Point*.
• Comprovar que os PCs do edifício navegavam corretamente.
• Verificar que a partir da Internet não seria possível acessar essa rede, ou seja, testar o correto funcionamento do firewall interno do *Access Point*.

Apesar da simplicidade aparente, a instalação e configuração dos oito clientes (computadores dos vizinhos) e do *Access Point* com as aplicações adicionais consumiu dois dias de trabalho completos. Afortunadamente, nenhum dos computadores em questão apresentou um sistema operacional danificado, o que teria atrasado as fases de instalação e configuração.

Como resultado final, podemos dizer que a rede funcionou perfeitamente: os oito computadores do pequeno edifício puderam navegar sem problemas, protegidos de intrusos, graças ao firewall que o *Access Point* possuía.

Com respeito ao hardware utilizado, os adaptadores de rede instalados em cada um dos PCs eram compatíveis com o padrão 802.11g, todos eram da marca Linksys. Um *Access Point* Netgear cumpria sua tarefa.

Nos computadores dos vizinhos havia vários sistemas operacionais diferentes: Windows, mas indo desde a versão 98 SE até a XP. Igualmente, não houve problemas com a configuração destes já que, depois da instalação do adaptador e configuração como Gateway e DNS do *Access Point*, pudemos acessar à Internet sem nenhum problema.

A performance da navegação foi muito boa. A montagem dessa rede wireless no edifício equivale à montagem de um cybercafé, onde, com um link de 1 Mbps, podemos fazer com que oito computadores naveguem a uma velocidade mais que satisfatória.

Antenas

Tanto os *Access Point* quanto os adaptadores de rede incluem antenas próprias. Essas antenas possuem uma cobertura limitada: em sua maioria não superam os 300 m de alcance em ambientes sem interferências; logo, se há obstáculos no caminho, esse alcance se reduz a 100 m, ou menos. Portanto, a utilização de antenas para a amplificação do sinal é fundamental na maioria das redes wireless. Nesta seção falaremos das antenas em geral. Dessa forma, começaremos a ter uma noção acabada a respeito de algumas de suas características.

Se virmos as coisas de uma maneira simples, a função de uma antena consiste em aumentar a potência de um transceptor. Os transceptores combinam um transmissor e um receptor de tal maneira que, enfocando melhor a energia eletromagnética que entra ou sai, a antena aumenta a força do sinal que é transmitido, e também a sensibilidade da recepção. Um aspecto importante que devemos ter presente reside em que todas as antenas servem para enviar e receber dados: podem trabalhar de forma bidirecional e não em uma só direção.

Atenuação do sinal

Existem dois fatores que podem atenuar o sinal à medida que este segue seu curso: a atenuação do ar e a dispersão do sinal.

A atenuação do ar não é muito importante, já que o ar é bastante transparente para frequências de micro-ondas como as que usamos nas redes wireless.

Por sua vez, devemos dizer que é, sim, realmente importante levar-se em conta a dispersão do sinal associado à forma de transmissão. A intensidade do sinal é calculada segundo a intensidade de campo elétrico por metro quadrado. Como o sinal circular que sai da antena se dirige a todas as direções, ao enviar um watt de potência, este se reparte na esfera ao redor da antena. À medida que o sinal se afasta da antena, a esfera cresce e a mesma potência é dividida nessa esfera maior, perdendo, assim, intensidade por metro quadrado.

Por conta disso devemos escolher uma antena que nos permita alcançar o alvo. A potência de uma antena é medida em decibéis (dB). Cada antena tem um intervalo de potências em dB conhecido como *ganho*.

Tenhamos em conta que um incremento aparentemente não significativo em dB pode provocar um grande aumento na sensibilidade de transmissão e recepção.

Uso das antenas

As antenas ampliam o alcance da rede, fazendo com que seja possível passar de um alcance de centenas de metros a alguns quilômetros. Sua implementação surge frequentemente de problemas com sinal baixo que podem ocorrer em alguns lugares de nossa casa, escritório ou comércio.

Podemos amplificar o sinal instalando uma antena onidirecional, que pode chegar a aumentar a potência de modo tal que atravesse os obstáculos que provocam o sinal baixo.

Geralmente, em construções de dois ou mais pisos, encontraremos materiais que influirão negativamente no sinal da rede. Com a colocação de antenas adicionais e o uso das antenas incluídas com o *Access Point* e adaptadores, conseguiremos obter uma boa amplificação de sinal.

Caso as altas interferências e o baixo sinal persistam, teremos de pensar em colocar um segundo *Access Point*, além de uma antena adicional.

Para instalar uma rede wireless ponto a ponto de grande alcance, deveremos adquirir uma antena muito maior que as usadas em lojas ou oficinas, já que esse tipo de conexão utiliza antenas parabólicas.

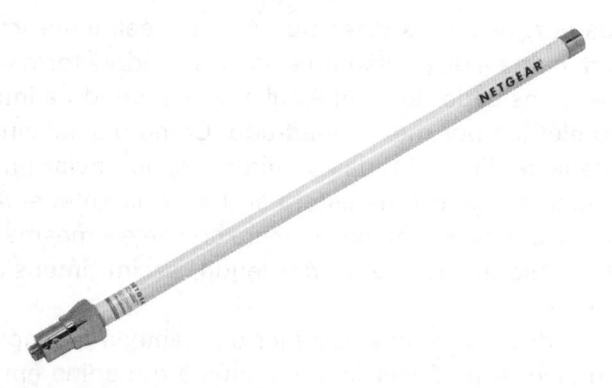

Figura 3.6.: Algumas antenas especiais permitem estender o alcance do sinal da conexão.

Conectar uma antena ||||||||||||||||||||||||||||||||||||

Muitos *Access Point* possuem um porta para conexão de uma antena como as que vimos anteriormente. Em sua maioria, os *Access Point* possuem uma tomada padrão na qual é possível conectar um adaptador de cabo, o qual, por sua vez, pode conectar-se a um cabo de antena coaxial.

Se estivermos decididos a adquirir equipamentos para instalar uma rede wireless, devemos admitir a possibilidade de conectar a eles uma antena externa com o objetivo de evitar inconvenientes de sinal em nossa instalação.

Fidelidade sem fio ||||||||||||||||||||||||||||||||||||

Como mencionamos anteriormente, Wi-Fi significa fidelidade sem fio (*Wireless Fidelity*), sendo uma forma fácil de o consumidor referir-se a redes sem fio (WLAN). O Wi-Fi doméstico compreende os padrões 802.11g, 802.11b e 802.11a. Ao instalarmos uma rede wireless pela primeira vez, é recomendável fazer isso usando o padrão 802.11g, dado que sua velocidade é amplamente superior.

Segundo um estudo da consultoria Jupiter Research, mais de 30% das grandes empresas estão planejando ter mais de 1/5 de sua força de trabalho em redes WLAN, e espera-se que essa tendência cresça com o passar dos anos.

Figura 3.7.: Esse componente permite a conexão de uma impressora à rede wireless.

Figura 3.8.: Esse dispositivo é utilizado, de forma específica, para interligar consoles de jogos e PCs.

Hardware

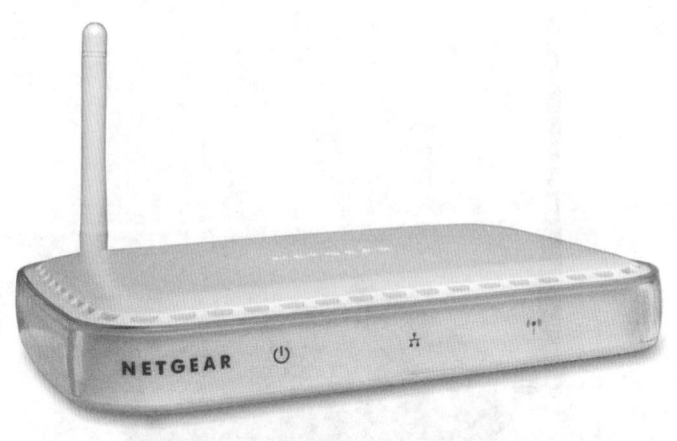

Figura 3.9.: Esse acessório wireless recebe música do PC e a toca no formato MP3.

Segurança em redes WLAN

Como já vimos, os sinais wireless se estendem além das paredes de nosso escritório ou casa. Por esse motivo, podem ser detectados por alguns tipos de hackers de redes sem fio conhecidos como *War Drivers*, ou por outros hackers de sinais wireless chamados *War Chalkers*.

Esses piratas, com a ajuda de equipamentos não muito sofisticados e software de rastreio de *Access Point*, podem ocasionar muita dor de cabeça.

A partir da expansão das redes wireless, existem muitos endereços na Web que trazem informação sobre como hackear redes sem fio. Também ensinam a usar software para introduzir nós e a construir antenas que ajudem a captar sinais.

É importante ter isso em conta quando o tema é segurança. É conveniente considerar os seguintes pontos em relação à segurança de nossa rede WLAN.

War Chalking

Um fenômeno que cresce progressivamente é o ataque a sinais wireless (*War Chalking*). Nesse caso, pintam-se símbolos no edifício ou no pavimento para indicar a presença de um ponto de acesso Wi-Fi para que outros possam aproveitar o sinal. Sempre existe o perigo de que esses grupos de hackers possam detectar e invadir os pontos de acesso desprotegidos de uma casa ou empresa.

Figura 3.10.: Sinais desse tipo são traçados no piso para indicar um ponto de acesso Wi-Fi.

War Driving

Os hackers que executam essa modalidade dizem não ter a intenção de roubar informação das empresas, limitando-se apenas a registrar a descoberta de um *Access Point*. Não importa se é verdade o que dizem os hackers a respeito disso ou não: se alguém intercepta nosso sinal, pode expor toda a transferência de dados de nossa rede a quem não está autorizado a vê-la. Não só a destruição de informação é um perigo: seu roubo pode ser fatal e pode levar uma empresa à falência.

Auditoria de hardware wireless

É fundamental, sobretudo nas empresas, que cada um dos *Access Point* utilizados estejam auditados. Especialmente no que diz respeito à segurança, uma boa auditoria de todas as regras de segurança configuradas é uma boa prática para evitar *hackings* externos.

Outro aspecto que devemos considerar é o tema dos convidados à nossa casa ou empresa que podem trazer consigo dispositivos wireless. Caso habilitemos seu acesso em nossos *Access Point*, deveríamos brindá-los com as permissões suficientes para que possam trabalhar sem inconvenientes, mas também sem acessos adicionais que possam arriscar os dados importantes e confidenciais.

Controlando o Wi-Fi

O acesso sem fio será protagonista de um crescimento enorme, motivado, em grande medida, pela inclusão dessa tecnologia em dispositivos celulares e PDAs, e isso provocará sérios furos na segurança das redes.

Um grande número de funcionários, e até departamentos inteiros nas empresas, levam consigo dispositivos wireless. No momento em que as empresas migram seus sistemas para a tecnologia sem fio, poderão contar com hackers internos se não tomarem os cuidados necessários.

As empresas que não protegerem seus *Access Point* estarão à mercê de todo tipo de hackers. Graças à expansão das redes wireless, cada dia haverá mais gente equipada para acessá-las e tirar proveito delas.

Pelos motivos descritos anteriormente, um bom planejamento de segurança que seja correspondente à infraestrutura de que trata será uma ferramenta mais que valiosa para proteger os dados de sua empresa.

Outros tipos de hardware wireless

Quanto maior a popularidade dessa tecnologia, maior será o número de dispositivos desenvolvidos. Vamos conhecer a seguir alguns dispositivos desenhados para otimizar a experiência sem fio.

Capítulo 4

Como desenhar a rede?

Este capítulo é de vital importância. Aqui veremos como planejar uma rede e como ordená-la, tarefa que ajudará no processo da montagem e do desenho da rede. Além disso, conheceremos diferentes serviços que podem funcionar na rede e obter aplicações adicionais de grande utilidade.

Planificar a rede sem fio

Um dos passos primordiais antes de instalar uma rede de qualquer tipo – inclusive wireless – é a planificação. Essa tarefa é de suma importância, já que previne a aparição de erros de instalação e de configuração, além de compras desnecessárias. Em outras palavras, nos permitirá ganhar tempo e dinheiro.

A planificação da rede pode ser feita de duas maneiras diferentes:
- **À mão livre**: desenhando com um lápis como seria a distribuição dos computadores e dos *Access Point* etc.
- **Com uma aplicação específica** e que nos permita fazer esses desenhos como, por exemplo, o Microsoft Visio.

Das duas opções, a segunda é a ideal, já que nos permitiria armazenar o desenho em nosso PC, efetuando modificações posteriores. Além disso, obteríamos uma apresentação de maior qualidade, e isso é importante quando um cliente deve vê-la.

Aconselhamos que se realizem os desenhos com alguma aplicação específica para esses temas, pois, dessa maneira, o esboço de rede deixará uma melhor impressão no cliente. Também é necessário imprimir várias cópias para repartir entre as pessoas que trabalhem conosco na instalação da rede.

Por último, vale lembrar que uma aplicação como o Microsoft Visio possui um grande número de esquemas pré-definidos de hardware de redes. Apenas arrastando um elemento com o mouse até a tela principal e efetuando-se as uniões necessárias, já obtemos um desenho muito claro e apresentável.

Seu uso também permite a inserção de texto descritivo, o que faz com que o desenho seja graficamente correto e seja preciso nos conceitos. Podemos manejar, inclusive, uma boa variedade de fontes, cores e sublinhados para ressaltar a informação mais importante. Em nosso caso, preferimos fazer uso de alguma aplicação de desenho. Tal decisão se baseia no fato de que nossos desenhos são realmente lamentáveis e não diferem muito dos feitos por um menino de seis anos de idade. De todo modo, nem tudo depende da aplicação que usaremos. Nossos conhecimentos e coerência no desenho farão com que a rede seja um sucesso. De resto, todo o necessário para instalar uma rede wireless é explicado neste livro.

Desenhar um diagrama da rede ||||||||||||||||||||||||||

Para desenhar corretamente o diagrama da rede que implementaremos, devemos primeiro discutir sobre o que a tarefa implica com a pessoa que nos encarrega do trabalho.

É fundamental ter uma conversa prévia para saber por que se decidiu instalar uma rede em sua casa e o que se espera obter disso. Além disso, devemos averiguar se haverá impressoras e se estas serão compartilhadas com toda a rede, ou se existirá algum tipo de restrição em relação à impressão.

Também é muito importante que o cliente nos comunique que outros dispositivos ou pastas dos discos locais serão compartilhados a fim de estabelecer as permissões corretas e evitar problemas de segurança.

Ao implementar uma rede wireless seguramente nos encontraremos com computadores situados longe do *Access Point* ou em lugares onde é muito provável que não haja sinal de rede (sótãos, por exemplo). Nesses casos, devemos considerar a realização de um acesso cabeado desse computador para a rede, com um cabo direto que estabeleça a conexão com o *Access Point*.

Não é verdade que com uma rede wireless é possível evitar 100% os computadores cabeados. Em alguns casos eles serão necessários e, sem dúvida, ainda por muito tempo.

Dados os distintos tipos de conectividade em nossa rede, deveremos diferenciar o acesso de cada um dos computadores à rede no desenho que faremos. Por exemplo, se o computador acessa o *Access Point* com uma conexão sem fio, podemos traçar uma linha pontuada entre o computador e o *Access Point* para marcar que se trata de uma conexão desse tipo.

Por outro lado, se um dos computadores da rede se conecta ao *Access Point* por meio de cabos, podemos desenhar uma linha contínua, e assim evidenciar sua forma de acesso. Com essa mesma linha identificaremos todos os dispositivos que se conectam dessa maneira como, por exemplo, impressoras conectadas a um PC. Por outro lado, se nosso PC está conectado a um PDA com Bluetooth, usaremos uma linha de pontos, para indicar que se trata de uma conexão sem fio.

Caso prático ||||||||||||||||||||||||||||||||||||||||||||||||||||

Suponhamos que vamos à casa de uma família típica: pai, mãe e dois filhos. Para diferenciá-los, damo-lhes um nome: o pai chamaremos de João; a mãe, Mariela; e os filhos, Germano e Laura.

João nos solicita que instalemos uma rede wireless para compartilhar a Internet e duas impressoras: uma jato de tinta, conectada ao PC de Laura; e outra laser, conectada ao computador dele. Germano possui um disco rígido externo que quer compartilhar com o resto de sua família, para que façam seus backups nesse dispositivo.

Agora vejamos a disposição dos computadores. Germano e Laura colocaram seus computadores em seus respectivos aposentos. Mas João o colocou em seu escritório e Mariela no sótão da casa. Essa é a disposição que encontramos (**Figura 4.1**). Nosso dever é fazer um bom desenho da rede, para logo passar a implementá-la. Seguindo os conselhos deste capítulo, conseguiremos estabelecer uma correta conexão entre todos os equipamentos.

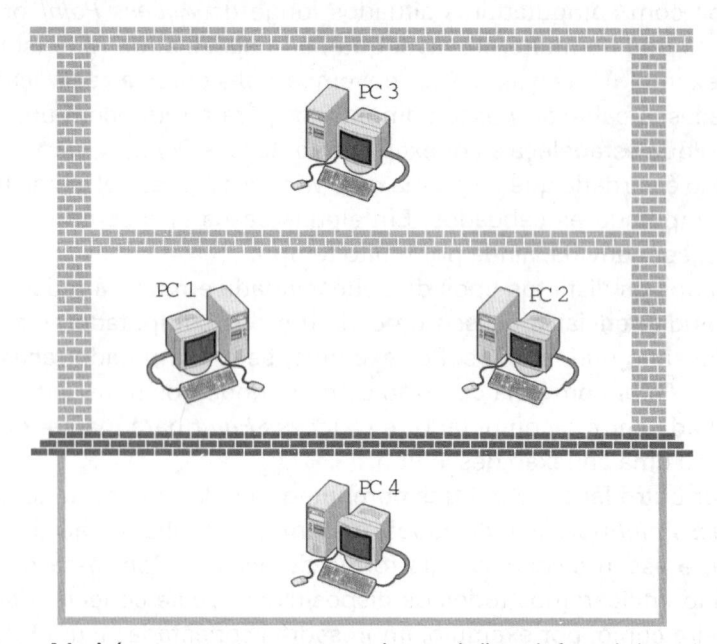

Figura 4.1.: Até o momento esses computadores trabalham de forma independente, mas através de uma rede wireless é possível trabalhar em equipe.

Interfaces de configuração

Cada vez que instalamos um *Access Point* deveremos configurá-lo para que funcione corretamente e nos dê serviços adicionais. A maioria desses aparatos possui um *firmware* atualizável, ao qual se pode acessar mediante um navegador Web. Para isso, devemos nos conectar desde sua porta Ethernet à nossa placa de rede (Ethernet também) para ver o menu de configuração, habilitar os serviços necessários e configurar a rede.

Na maioria dos casos, o endereço IP padrão é 192.168.0.1, e seu usuário e senha são iguais: *admin*. É claro que tanto o IP padrão quanto a senha podem ser alterados pelo usuário no menu de configuração.

Figura 4.2.: Aqui vemos o *firmware* do *Access Point*, acessado via navegador Web no IP 192.168.0.1, onde nos é pedido o usuário e senha para executar a ferramenta de configuração. No exemplo, usamos um roteador wireless D-Link Air Plus XtremeG.

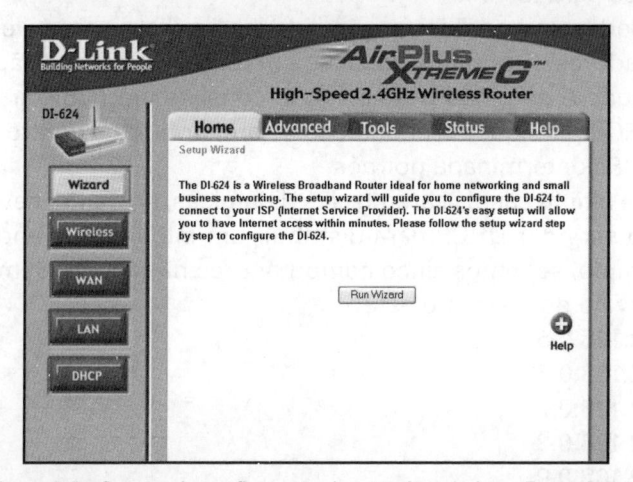

Figura 4.3.: O menu de configuração do roteador wireless. Em cada uma das abas, poderemos configurar diferentes opções e serviços disponíveis.

Como desenhar a rede?

Alguns modelos são configurados através de um software adicional que deve ser instalado no sistema operacional, o que ocorre em pouquíssimos casos. Certas marcas líderes e outras nem tanto, apresentam a ferramenta de configuração e administração em um *firmware* completamente acessível desde um navegador, e atualizável baixando as novas versões deste na página Web do fabricante.

É uma vantagem ideal que os *Access Point* possuam uma aplicação de configuração e administração em um *firmware*, já que cada vez que o atualizamos estaremos agregando funções adicionais a nosso hardware. Além disso, permite a correção de erros, caso existam.

Serviços de rede

Os *Access Point*, ou portas de conexão wireless, nos dão a possibilidade de implementar um número considerável de serviços adicionais para nossa rede, a maioria de grande utilidade. Por isso, a seguir, falaremos dos serviços mais relevantes incluídos nesses dispositivos.

Servidor DHCP

A maioria dos *Access Point* ou roteadores wireless incluem um servidor DHCP incorporado. Esse servidor realiza a distribuição de endereços IP a cada um dos computadores da rede, se é que os configuramos para tal fim.

Nas redes, temos duas possibilidades de distribuição de IP para computadores. A primeira consiste em realizar a distribuição de forma manual. A segunda possibilidade consiste em habilitar um servidor DHCP para que os endereços sejam atribuídos dentro de uma faixa de IPs determinada por nós.

Nesse último caso, usaremos IPs dinâmicas, portanto, deveremos utilizar o servidor DHCP para distribuir um intervalo de endereços. Por exemplo, se temos cinco computadores na rede, podemos criar um intervalo de IPs como este:
- 192.168.0.5
- 192.168.0.6
- 192.168.0.7
- 192.168.0.8
- 192.168.0.9

O servidor DHCP designará de forma aleatória os IPs dentro desse intervalo a cada um dos computadores apenas para que estes sejam ligados e solicitem acesso à rede. É possível dar ao servidor DHCP um intervalo de IPs superior ao visto no exemplo, se é que queremos uma maior quantidade de possibilidades de atribuição de IPs. Como temos cinco PCs, não é necessário que tenhamos um intervalo maior do que o de cinco endereços IP. Do contrário, os endereços IP dos computadores da rede variariam com mais frequência.

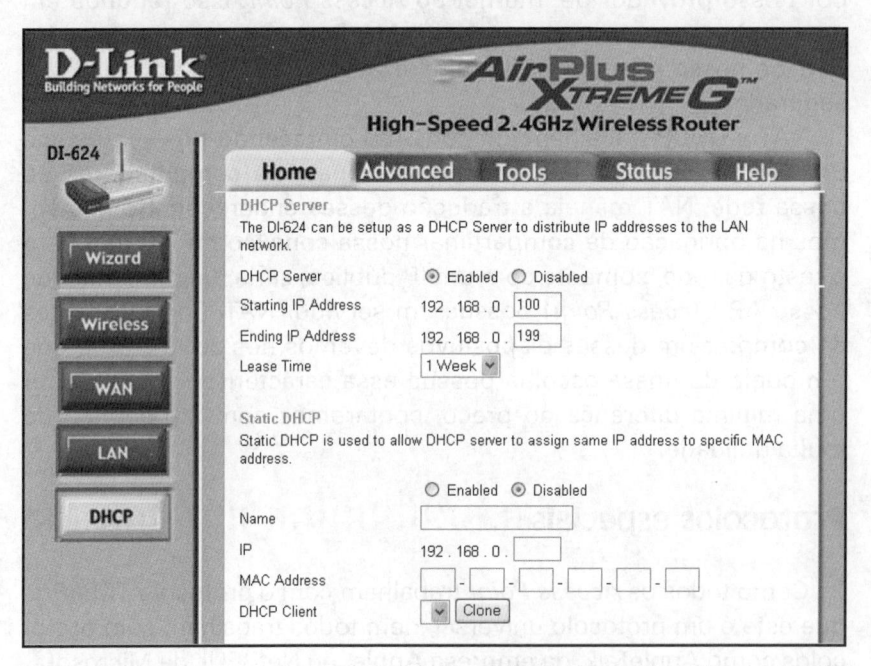

Figura 4.4.: Esse é o menu de configuração onde está ativado e configurado o servidor de DHCP para distribuição de IPs de 192.168.0.100 a 192.168.0.199. Esses dados, juntamente com a ativação do servidor DHCP, são feitos manualmente selecionando a opção **Enabled**.

NAT

A maioria dos *Access Point* ou portas de comunicação wireless existentes no mercado inclui um serviço denominado NAT (*Network Address Translation*) a eles incorporado. Esse serviço permite que os computadores da rede compartilhem um mesmo endereço IP público, o qual é definido pelo ISP (ou provedor de acesso à Internet).

Como desenhar a rede?

Como funciona?

O *Access Point* ou sua porta de comunicação recebem um endereço IP público do ISP. Logo em seguida ele converte todas as solicitações de entrada e saída desse único endereço IP público para os endereços privados internos de todos os computadores da rede.

O endereço IP público do *Access Point* é o único da rede que é visível a partir da Internet. Em outras palavras, todas as máquinas da rede acessam a Internet a partir do IP público que foi assinalado por nosso provedor de Internet ao *Access Point*. Isso redunda em uma maior segurança para nossa LAN. Portanto, ativar o servidor NAT de nosso *Access Point* é uma excelente escolha em relação à segurança.

NAT e DHCP trabalham em conjunto oferecendo-nos segurança. Enquanto DHCP distribui endereços IP para os computadores de nossa rede, NAT maneja a tradução desses endereços. Se nos vemos na obrigação de compartilhar nossa conexão de Internet com o resto da rede, somente com um IP público, seria fundamental que nosso AP (*Access Point*) possua um servidor NAT. Portanto, antes de comprar um desses dispositivos devemos nos certificar de que o modelo de nossa escolha possua essa característica, já que, por uma mínima diferença no preço, contaremos com um serviço de muita utilidade.

Protocolos especiais ||||||||||||||||||||||||||||||||||||||||||

Como todos os *Access Point* trabalham com o protocolo TCP/IP, já que este é um protocolo universal, nem todos trabalham com protocolos como AppleTalk, da empresa Apple, ou NetBEUI, da Microsoft.

Caso mantenhamos uma rede na qual devamos utilizar algum dos protocolos mencionados anteriormente, teremos de nos assegurar de que o dispositivo que iremos adquirir possui compatibilidade com eles.

Já que os usuários de computadores Apple costumam comprar dispositivos da mesma marca, como o dispositivo de conexão *AirPort*, não seria ruim que testassem outros produtos que não só proporcionam um excelente desempenho, mas que também permitem baratear os custos na aquisição de hardware.

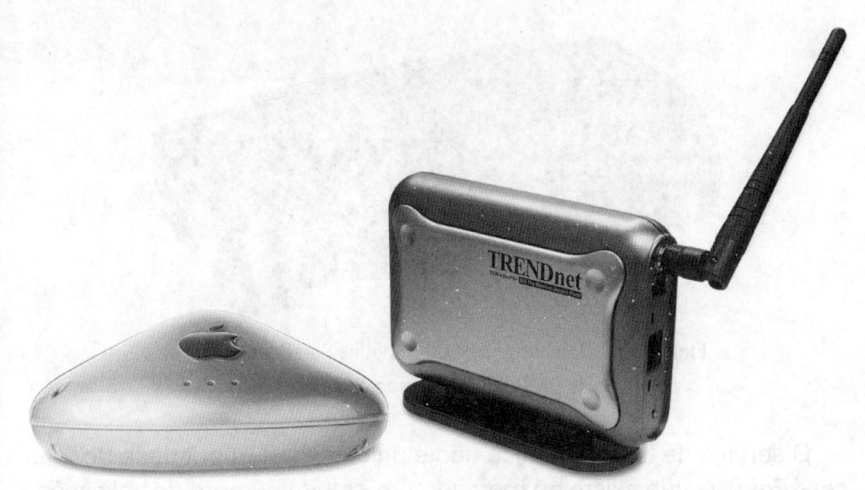

Figura 4.5.: À esquerda, vemos o dispositivo de acesso da Apple AirPort, completamente compatível com o protocolo AppleTalk. À direita, encontra-se o *Access Point* TEW-410APBplus 802.11g, fabricado pela empresa TRENDnet, que suporta o protocolo NetBEUI de Microsoft.

DNS dinâmico

Sabemos que o serviço de DNS é o encarregado de atribuir nomes de domínio a endereços IP permanentes de computadores que atuam como servidores de Internet. Mas se quiséssemos montar uma página Web em nosso PC e o provedor de Internet nos outorgasse um IP público dinâmico (ou seja, que muda a cada período de tempo determinado) e nós desejássemos que as pessoas pudessem acessar a nossa página Web, necessitaríamos de um DNS dinâmico.

Os DNS dinâmicos servem para que os computadores que alteram seu IP público constantemente possam ser acessados, ou ao serviço que estão provendo (por exemplo, servidor Web ou servidor FTP), somente com a inserção do nome do domínio (por exemplo, www.seudominio.com). Esse serviço é o mais indicado para aqueles que queiram montar uma página Web em sua casa ou escritório, já que os faz economizar o valor do host em uma empresa e lhes deixa toda a administração. Além disso, com esse serviço podemos montar um servidor de FTP e compartilhar nossos arquivos com outras pessoas.

Como desenhar a rede?

Figura 4.6.: O *Access Point* US Robotics SureConnect inclui o serviço de DNS dinâmico como aplicação adicional.

O serviço de DNS dinâmico não é unicamente propriedade dos *Access Point*, já que existe no mercado um grande número de aplicações que também o oferecem, inclusive algumas *freeware* (gratuitas).

De todo jeito, se está dentro de nossos planos adquirir um *Access Point*, pode ser de grande utilidade escolher um modelo que inclua essa característica. Apesar de essa escolha ser um pouco mais cara, seguramente será muito proveitosa e até é possível que economizemos dinheiro, já que, por exemplo, evitaremos pagar a uma empresa pelo serviço de host.

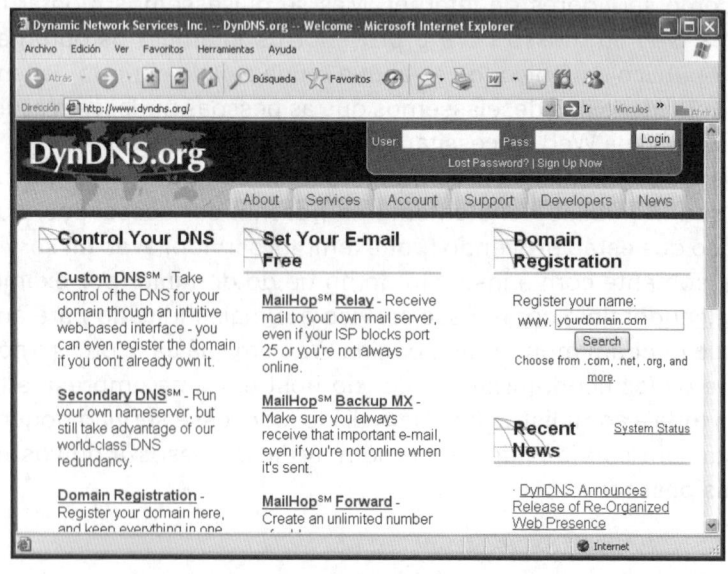

Figura 4.7.: Janela do site DynDNS.org, que provê o serviço de DNS dinâmico. Para ativá-lo aqui, não necessitaríamos de um AP com essas características.

Guia Avançado de Redes Wireless – Volume I

Segurança e filtros

Sem dúvida nenhuma, as aplicações de segurança e filtros surgem como as características de maior importância na maioria dos dispositivos de conexão ou *Access Point* disponíveis no mercado.

Na atualidade, com a enorme quantidade de hackers circulando na Internet e, sobretudo, com a quantidade de aplicações gratuitas que se pode encontrar facilmente e que até meninos de dez anos podem usar, é imprescindível ter aplicações de segurança em nossa LAN.

Na próxima seção deste capítulo, conheceremos as aplicações mais úteis para a segurança de nossa WLAN que podem ser encontradas em *Access Point*.

Firewalls

Os firewalls que acompanham os *Access Point* negam ou permitem a saída dos computadores de nossa rede para a Internet, e também permitem ou negam o acesso da Internet para nossa WLAN.

Não fazem isso só com a navegação Web, mas também com qualquer aplicação que necessite acessar um endereço remoto na Internet. Por exemplo, nós poderíamos estabelecer uma regra que permita que uma determinada máquina navegue na Internet, mas impedindo que ela utilize o Microsoft Messenger. Outro exemplo consistiria em negar a um usuário o acesso à porta 80 e 8080, que são as usadas para publicação de páginas Web, mas permitir-lhe, em troca, o acesso às portas 25 e 110, que são as portas padrão dos servidores de correio eletrônico.

Essas configurações mostram-se ideais para a administração da segurança de qualquer rede. Não somente nos trazem a possibilidade de negar o acesso de nossa rede à Internet, como também podem funcionar no sentido inverso, impedindo o acesso vindo da Internet aos computadores da WLAN.

Vejamos agora como podemos configurar uma regra de segurança em um *Access Point* D-Link Airplus XtremeG.

Configurar uma regra de segurança em um AP passo a passo

1. Entre no menu de configuração do roteador wireless. Dê um clique na aba **Advanced** e aperte o botão **Firewall**.

2. A seguir aparecerá o console de administração do firewall, que será utilizado para levantar as regras de segurança. Para habilitá-lo, dê um clique na opção **Enabled**.

3. No botão **Action**, marque a opção **Deny** (negar); em **Source** (origem), escolha a opção **WAN**; e em **Destination** (destino), selecione sua LAN.

4. Tanto no intervalo IP inicial (**IP range start**) como nos IPs finais do intervalo (**IP range end**) coloque um asterisco (*).

5. Em **Port Range** poderemos configurar a porta de dados que terá o acesso negado à outra porta de dados da LAN. Inserindo um asterisco (*), poderemos negar o acesso a partir de qualquer endereço IP e porta que queira acessar a rede.

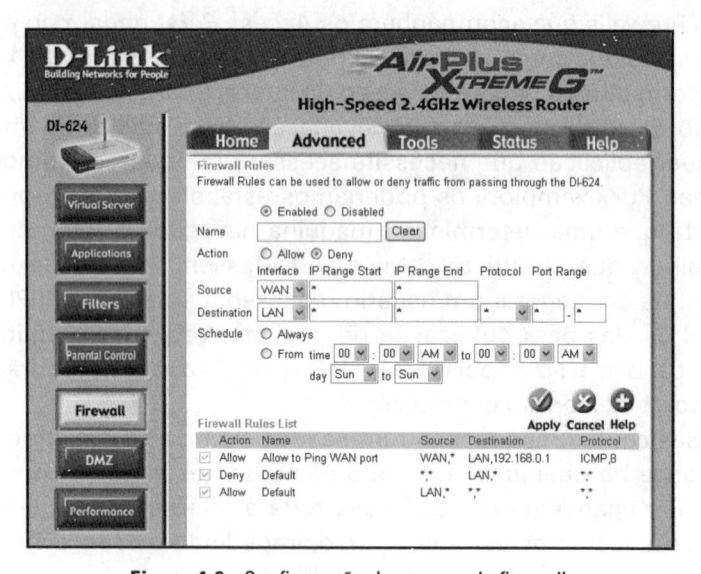

Figura 4.8.: Configuração das regras de firewall.

A regra de segurança anterior indica que qualquer IP de Internet (a partir de qualquer porta marcada com o asterisco) que queira acessar qualquer IP (dispositivo) de nossa rede terá o acesso negado. Isso significa que não será possível acessar nenhuma das máquinas de nossa WLAN. Recordemos que cada vez que inserimos um asterisco (*), estaremos indicando todos os IPs ou todas as portas. No exemplo, vimos como configurar uma regra de segurança dentro de um AP D-

Link XtremeG. Os diferentes fabricantes desses dispositivos incluem uma interface muito similar. Portanto, não teremos maiores inconvenientes para configurar um dispositivo de outra marca.

Outra regra

Vejamos outra regra de firewall. Nesse caso, configuraremos uma regra que permitirá que um PC específico de nossa WLAN tenha acesso total à Internet.

Configurar outra regra de segurança em um AP passo a passo

1. Na aba **Source**, escolha a opção **LAN**.

2. Como regra, defina que o computador, cujo IP é 192.168.0.11, tenha permissão (**Allow**) para acessar à Internet sem nenhuma restrição de IP de destino ou portas.

3. Pressione o botão **Apply**, para aplicar as alterações.

4. Em relação aos protocolos, insira um asterisco (*) para ativar todos eles. Esse firewall suporta os seguintes: TCP, UDP e ICMP.

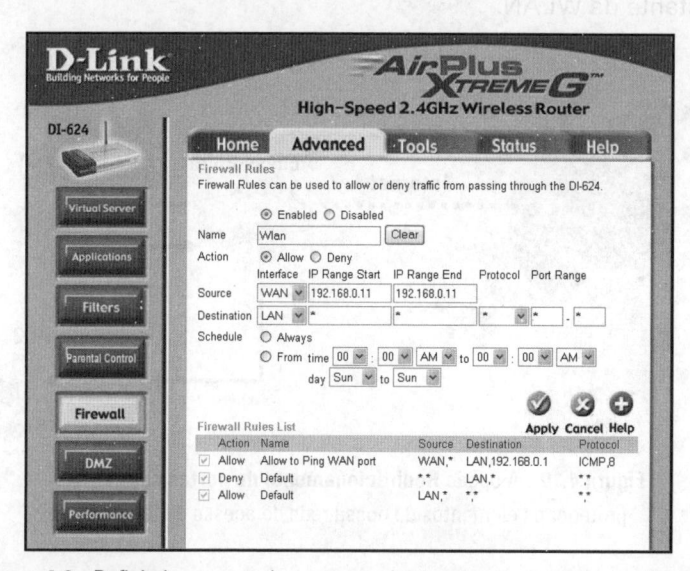

Figura 4.9.: Definindo computador com permissões de acesso em nosso firewall.

Como desenhar a rede?

Reenvio de portas

Ao ativar o serviço de firewall, evitamos que computadores alheios à nossa rede a acessem. Para resolver esse problema, alguns *Access Point* possuem uma opção chamada **Redirecionamento de portas**, que associa automaticamente o tráfego de um porta específica a um computador da rede, ao qual não se pode acessar a partir da Internet.

Um exemplo consistiria em habilitar um servidor Web em algum dos computadores e que, cada vez que alguém quisesse acessar a partir da Internet nosso IP ou nome de domínio público, o *Access Point* dirija esse pedido até um computador específico de nossa rede com porta 80 (porta de servidores Web). Dessa maneira, só haverá acesso exterior a um computador específico da rede e somente na porta permitida, com o que estaríamos diminuindo substancialmente os perigos externos.

Nem sempre é imprescindível contar com um *Access Point* ou dispositivo de conexão que inclua a função de redirecionamento de portas. Mas caso desejássemos ter um computador de nossa rede que oferecesse algum serviço que possa ser acessado a partir da a Internet, essa função seria muito importante. Ela nos oferecerá segurança e um tráfego de dados somente dirigido ao computador destinado a oferecer o serviço, evitando assim o congestionamento do restante da WLAN.

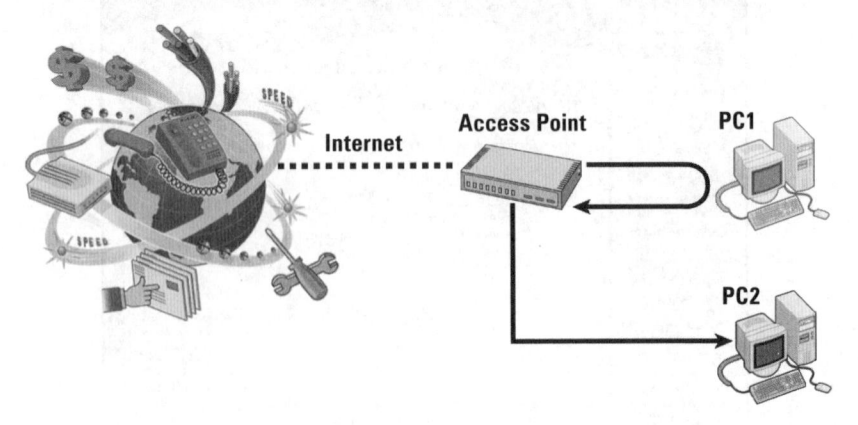

Figura 4.10.: A opção **Redirecionamento de portas** nos permite proteger os elementos de nossa rede do acesso de terceiros.

Criptografia WEP

A grande maioria dos dispositivos de conexão ou *Access Point* atuais possuem como uma de suas funções de segurança principais a criptografia WEP. Essa chave de criptografia se encarrega de impedir acessos à nossa rede sem fio por parte de pessoas que não estejam autorizadas.

Esses dispositivos designam uma ou mais chaves WEP que os usuários devem introduzir no software cliente de rede para estarem associados ao *Access Point* e poder acessar a rede e os recursos que esta compartilhe.

Caso algum usuário não introduza corretamente a chave WEP em seu software cliente, o *Access Point* não o deixará ingressar nos recursos de rede, e ele terá de voltar a configurar o software cliente de forma correta. A seguir, podemos observar um esquema que ilustra esse processo.

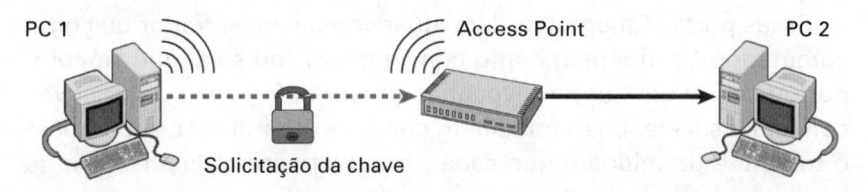

Figura 4.11: A opção **Criptografia WEP**, incluída na maioria dos *Access Point* atuais, impede o acesso à rede por pessoas não-autorizadas (que não possuam a chave correta).

Na atualidade, os *Access Point* possuem criptografia WEP de 128 bits (26 chaves), superior à das versões anteriores, que eram de 40, 56 ou 64 bits. Alguns modelos possuem a capacidade de gerar uma chave WEP a partir de uma palavra ou frase sugerida pelo usuário. Essas chaves são consideradas mais previsíveis e, em consequência, não muito recomendáveis.

Ao adquirir um *Access Point* devemos nos certificar de que possua criptografia WEP de 128 bits. Isso nos garantirá uma boa opção de segurança para a rede.

VPN

VPN (*Virtual Private Network*, ou rede privada virtual) é uma tecnologia de rede que permite garantir que o tráfego de dados não seja espionado ou interceptado por terceiros. Cada vez que se utiliza a tecnologia VPN em uma rede, gera-se um túnel seguro entre os computadores que transmitiram dados, para evitar desse modo o roubo dos mesmos.

A Internet utiliza essa tecnologia como infraestrutura. Por conta disso, se queremos comunicar de forma segura dois computadores que se encontrem em diferentes locais, a forma de fazê-lo é a Internet: poderíamos ativar o servidor de VPN no *Access Point* para assegurar uma conexão segura.

Portas de rede nos *Access Point*

A maioria dos *Access Point* disponível no mercado inclui no mínimo duas portas Ethernet em seu gabinete. Uma dessas portas é utilizada com o propósito de conectar-nos a nosso acesso à Internet e a outra serve para conectar outro computador ou um hub de uma rede cabeada.

Essas portas Ethernet podem atuar como concentrador ou como comutador. Caso atuem como concentrador (ou seja, que se comportem como um hub), provocariam maior tráfego nos dispositivos conectados a ele. Caso trabalhem como um comutador, separariam o tráfego e permitiriam que cada porta utilizasse toda a largura de banda disponível.

A porta WAN presente nos *Access Point* tem, em geral, uma velocidade de transferência de dados de 10 Mbps, já que é muito difícil que na atualidade se disponha de um link de Internet que supere essa velocidade. No caso das portas LAN, estas funcionam a 10/100 Mbps, já que boa parte das placas de rede disponíveis atualmente funcionam a essas velocidades.

Em muitos casos, os *Access Point* incluem uma porta Ethernet denominada *UpLink*, que serve para conectar outro hub ou switch sem necessidade de um cabo especial, já que se usaria um cabo Ethernet/UTP.

Os computadores conectados ao hub também são receptores dos serviços que o AP está fornecendo. Se configurarmos regras de segurança nele, também serão protegidos os computadores que foram adicionados por meio do hub.

Capítulo 5

Análise prévia

Neste capítulo, veremos todos os aspectos que devem ser considerados na hora de montar uma WLAN. Dessa maneira, lograremos evitar incidentes indesejados e realizar um grande trabalho.

Escolher o hardware correto

Uma das tarefas mais importantes que teremos ao montar uma rede sem fio é justamente a escolha do hardware adequado.

Tal como mencionamos anteriormente, é fundamental saber com que computadores se conta para realizar a instalação e que tipo de características possui cada um. Em nosso exemplo, dispomos de dois computadores de última geração, motivo pelo qual não teremos nenhum inconveniente.

Caso devamos instalar uma rede wireless em computadores mais antigos, teremos que avaliar que hardware é possível conectar nesses computadores. Por exemplo, se dispomos de um computador equipado com o velho processador Pentium II, é bem provável que consigamos montar com eles uma rede wireless. Mas será imprescindível verificar se os produtos wireless que iremos comprar funcionam com essa tecnologia, e levar em conta a velocidade do processador, a quantidade de memória RAM e se possuem os slots necessários, caso seja necessário realizar a instalação de um adaptador wireless em um slot PCI.

Em geral, as placas wireless não costumam requerer grandes configurações de hardware. De todo modo, devemos verificar os requerimentos mínimos necessários para elas a fim de evitar inconvenientes e atrasos na instalação. Além disso, consideremos as distâncias entre os computadores e os materiais que possam interferir na comunicação da rede. Caso surjam dúvidas a respeito, recomenda-se revisar o capítulo onde tratamos desse tema.

Marcas de dispositivos

A maioria das preocupações de quem instala redes não gira somente ao redor da montagem da rede em si: é igualmente importante saber a que marcas recorrer para a compra do hardware necessário. Em geral, sempre há um punhado de empresas que são referência em cada uma das especializações informáticas. O caso das redes wireless não é exceção.

Alguns fabricantes de hardware, como D-Link (www.dlink.com) e Linksys (www.linksys.com), têm produtos excelentes que apresentam uma ótima performance e são vendidos em todo o mundo em grande escala. Empresas como Senao (www.senao.com) e Netgear (www.netgear.com) também apresentam bons produtos a bons preços e merecem ser tidos em conta em qualquer instalação. Em relação aos usuários de Mac OS, a Apple oferece dispositivos wireless de boa qualidade, o que a converte em uma marca confiável para a instalação de redes wireless (www.apple.com/hardware/).

Existem mais marcas que apresentam produtos de tecnologia wireless, tanto no que diz respeito a *Access Point* e a roteadores quanto no que toca aos adaptadores. Portanto, não deveríamos ignorá-las ao instalar uma rede, sempre que nos certifiquemos antes que tal marca ou seus representantes locais nos dão garantia confiável e o suporte necessário se houver algum incidente indesejado.

Outra opção recomendável é consultar pessoas que tenham experiência na instalação desse tipo de redes a fim de que nos deem sua opinião acerca dos diversos dispositivos. Dessa forma, contaremos com um tipo de pesquisa acerca de quais são os produtos mais recomendáveis.

Sistemas operacionais e hardware

Apesar de em computadores pessoais seja evidente a hegemonia da Microsoft como fabricante de sistemas operacionais para escritório, cada vez mais usuários se voltam para o Linux. Portanto, devemos saber se o hardware que instalaremos é compatível com a versão de Linux que está sendo utilizada.

Devemos verificar que versão do *kernel* Linux está presente nos computadores da rede que instalaremos para que seja possível escolher o hardware que realmente seja compatível com a distribuição Linux que é utilizada.

Quanto aos usuários de Windows, também é necessário que saibamos que versões estão sendo usadas antes da instalação, já que existem produtos wireless que são projetados para versões mais modernas, como Windows XP, e não funcionam corretamente nas mais antigas.

Em geral, as marcas de fabricantes de dispositivos sem fio costumam abarcar todo o conjunto de versões do Windows, ou ao menos a partir da versão 98. O mesmo não ocorre com todas as versões do *kernel* Linux. Por essa razão, investigar com antecipação será muito proveitoso.

Análise prévia

Verificando o local

Assim que resolvermos todas as perguntas que foram feitas anteriormente, será o momento de realizar a verificação do local onde instalaremos a rede. Quando falamos de "local", referimo-nos à observação cuidadosa para saber se a instalação será feita em uma residência, um escritório no centro da cidade ou uma fábrica na periferia.

Esse estudo prévio é muito importante a fim de identificar que fatores podem chegar a gerar interferências na transmissão de dados e, consequentemente, problemas em toda a rede. Prestemos atenção nos telefones sem fio, já que os modelos que utilizam a frequência de 2,4 GHz costumam provocar interferências nas redes wireless. Portanto, não seria conveniente o uso desses telefones. De toda forma, o mais recomendável nessas circunstâncias é testar a convivência entre essas duas tecnologias.

Outro ponto importante a verificar é a distância entre dispositivos. Recordemos que o uso de antenas internas é muito útil para ampliar o sinal, evitando, assim, um grande número de inconvenientes.

Peer-to-peer ou Infraestrutura?

A pergunta apresentada por esse subtítulo é fundamental para quem montará uma rede sem fio com poucos computadores. Já que o modo *peer-to-peer* é o mais adequado para quem quer apenas comunicar dois computadores, é também indicado para quem não deseja ampliar sua rede ou saiba de antemão que nunca o fará.

Quando existe a intenção de ampliá-la, o modo Infraestrutura é de longe o ideal. Tenhamos em conta que, ao implementar uma topologia de Infraestrutura, o *Access Point* ou o roteador será o responsável por distribuir a informação e tomar conta da segurança. Essa configuração é muito recomendável, já que o roteador ou o *Access Point* será o que se encarregará não somente da segurança, mas também da administração da conexão de Internet que possuímos e, portanto, da sua distribuição ao restante dos computadores que façam parte de nossa rede.

No caso do modo *peer-to-peer*, o computador que recebe a conexão da Internet será o encarregado de distribuí-la ao outro. Por esse motivo, deverá permanecer sempre ligado, ou o outro computador não poderá navegar. Além disso, instalar um *Access Point* ou um roteador sem fio nos oferece uma boa quantidade de serviços, como firewall, DHCP, NAT e DNS. Consequentemente, esses serviços não terão que ser providos por um computador, e evitaremos assim que o rendimento de um de nossos PCs diminua.

Conselhos para a instalação

Depois de levar em conta todos os aspectos citados nos parágrafos anteriores, finalmente chegou o momento de preparar a instalação. Existem dois cenários possíveis onde podemos chegar a trabalhar.

O primeiro cenário consiste na instalação doméstica, seja em nossa casa, seja na de um conhecido. O segundo se baseia na implementação de uma rede na casa ou escritório de um cliente. Os dois cenários são completamente diferentes, em especial devido aos prazos implicados.

Supondo que tenhamos que efetuar uma instalação para um cliente, não será conveniente especificar um prazo definitivo no que diz respeito à duração de nosso trabalho, já que é muito comum o surgimento de complicações que atrasem a tarefa. É importante ter ciência que não se trata somente de hardware sem fio, mas também de computadores desconhecidos por nós no que diz respeito à sua utilização ou ao funcionamento de seu sistema operacional.

Um sistema operacional com falhas, vírus ou *spywares* pode nos causar mais de um inconveniente que poderia redundar em um atraso de horas. Por sua vez, tais demoras provocariam certo mal-estar com o cliente, o qual poderia ter uma impressão negativa de nosso trabalho, ainda que tal problema fosse causado pelo funcionamento deficiente de seus computadores.

Portanto, devemos ser cuidadosos. Recomendamos incluir na proposta de trabalho uma estimativa do tempo de trabalho que leve em conta prováveis atrasos. Vale dizer que esse cuidado não deve ser usado como subterfúgio para esconder a intenção de cobrar o tempo não trabalhado.

Ferramentas básicas

Agora falta pouco para começar a instalação da rede wireless. Consequentemente, deve-se enumerar todos os materiais necessários para a realização de uma boa tarefa, não deixando nada jogado ao

Análise prévia

acaso. Não dispor de todos os materiais necessários atrasará o nosso trabalho e passará uma imagem pouco profissional ao cliente.

A seguir, listamos as ferramentas básicas para a montagem da rede:

Ferramenta	Uso
Cabo UTP.	Servirá para acessar o *Access Point* ou roteador para realizar sua configuração prévia a partir de uma conexão Ethernet.
Chaves Philips e planos.	Fundamentais para toda instalação. São utilizados para parafusar o adaptador de rede, e para montar e desmontar o gabinete do computador.
Vários CDs de sistema operacional.	São imprescindíveis já que o sistema operacional pode solicitar arquivos adicionais.
Programas antivírus e *antispyware*.	Apesar desses programas, na maioria dos casos, não realizarem varreduras na rede, existe na atualidade uma grande quantidade de vírus e *spywares* que podem causar mais de um inconveniente na instalação. São opcionais.
Drivers.	É fundamental que contemos com os drivers (CD de instalação) de todos os componentes que instalaremos. Em geral, todos os adaptadores necessitam de seus respectivos drivers. No caso do *Access Point* ou roteador, pode ser necessário, apesar dele também poder ser configurado via navegador Web.
Manuais.	É sempre bom ter os manuais técnicos tanto de adaptadores como de *Access Point* por perto. Eles se converterão em uma ferramenta fundamental no momento de esclarecer qualquer tipo de consulta sobre a instalação. Caso não tenhamos nenhum manual à disposição, é possível baixá-los da página Web do fabricante.

Tabela 5.1.: Vemos aqui as ferramentas necessárias e seu uso específico para a montagem de uma rede wireless.

Se dispusermos de todas essas ferramentas ao iniciar a instalação, poderemos realizar um bom trabalho, o qual não somente nos trará segurança e respaldo diante dos inconvenientes que possam ocorrer, mas também oferecerá uma boa imagem de nosso trabalho ao cliente.

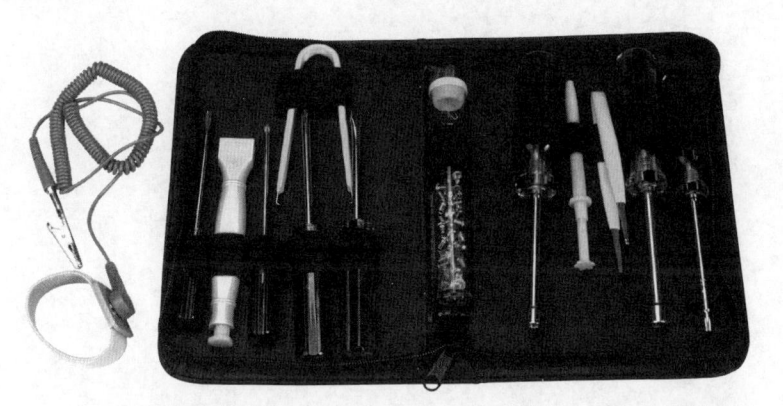

Figura 5.1.: As ferramentas são fundamentais para realizar um bom trabalho.

Finalmente, já nos encontramos com condições de realizar a instalação. No próximo capítulo, conheceremos todos os aspectos necessários para a instalação correta de uma rede sem fio.

Análise prévia

Capítulo 6

Configuração

Neste capítulo, veremos todos os aspectos que devemos considerar na hora de montar uma WLAN. Dessa maneira, conseguiremos evitar incidentes indesejados e realizar um grande trabalho.

Instalando uma rede wireless

Enfim chegou o momento que tanto estávamos esperando: a instalação de uma rede sem fio ou WLAN.

Nesse caso, iremos montar uma rede de topologia de Infraestrutura, dotada de um roteador D-Link DI-624. Além disso, utilizaremos dois adaptadores de rede: um interno, para ser conectado em um slot PCI (slots brancos da placa-mãe) de um dos computadores da rede, e outro com conexão USB, em forma de *pen-drive*, para conectá-lo a outro dos PCs.

Tanto o roteador como os adaptadores suportam a norma 802.11g de 54 Mbps. Ainda que o roteador possua uma tecnologia que lhe permite chegar até 108 Mbps, possui também uma porta WAN para entrada de Internet de banda larga e quatro portas LAN para a conexão de computadores adicionais que não possuam placas wireless ou de rede LAN em quaisquer de suas formas.

A rede wireless que instalaremos será uma típica rede doméstica ou de escritório, desenhada especialmente para que possa ser expandida no futuro, motivo pelo qual é ideal o uso do roteador. Também estará configurada para que seus computadores compartilhem a conexão à Internet de banda larga.

O hardware: descrição

Nas páginas seguintes, veremos as imagens de cada um dos componentes que serão utilizados em nossa instalação e também conheceremos mais sobre suas características técnicas. Cada dispositivo varia muito em relação a outros, por mais parecidos que sejam os modelos.

Roteador D-Link DI-624

O roteador D-Link DI-624 é um dispositivo que pertence à linha Air Plus XtremeG, que pode operar a uma velocidade de até 108

Mbps, com a qual provê uma taxa real de transferência ao redor de 54 Mbps.

É compatível com o padrão 802.11b, o que o torna um dispositivo especialmente recomendável para o tipo de instalação que realizaremos. Como todo dispositivo do padrão 802.11g, usa o espectro de sinal de 2,4 GHz e possui funções de firewall, DMZ, VPN *pass-through*, controle de acesso à Internet e a possibilidade de habilitar criptografia WPA ou WEP. Possui uma porta WAN e quatro LANs. Também inclui uma antena 2dBi que pode ser substituída.

Figura 6.1.: Na imagem, vemos o roteador D-Link DI-624, que utilizaremos em nosso exemplo.

Adaptador de rede PCI DWL-G520+

Um dos computadores de nossa rede wireless terá um adaptador para slot PCI de modelo D-Link DWL-G520+, também da série Air Plus ExtremeG+. Essa placa é compatível com os padrões 802.11b e 802.11g, o que a faz compatível com o roteador que vimos anteriormente. Em relação à criptografia de segurança, suporta tanto WEP quanto WPA. Utiliza o espectro dos 2,4 GHz e tem um alcance em interiores de até 100 metros e, em exteriores, de até 300, sempre e quando não existirem grandes obstáculos que interfiram no sinal.

Figura 6.2.: O adaptador usado em nosso projeto. O PC onde o instalaremos deverá contar com um slot PCI.

Adaptador de rede USB DWL-G122 ||||||||||||||||||||||||

No PC que usaremos para montar nossa WLAN instalaremos um adaptador para porta USB D-Link DWL-G122. Esse adaptador tem tamanho próximo ao de um *pen-drive* comum. É especialmente útil em computadores cuja garantia expirou e em dispositivos portáteis, como os notebooks, que não possuem adaptador wireless incorporado.

Esse dispositivo é compatível com portas USB 1.1 e 2.0, mas por motivos de performance recomendamos que ele seja utilizado em um USB 2.0 por sua velocidade máxima de 480 Mbps, superior à de 11 Mps do padrão 1.1.

É compatível com os padrões 802.11b e 802.11g. Suporta WPA e WEP. Inclui um cabo no qual pode ser conectado e que pode ser usado como extensão. Essa base é especialmente útil se não há espaço entre o adaptador e, por exemplo, uma parede, ou se o sinal que chega não é forte o suficiente, já que permite mobilidade de até 1,5 metros, que é o comprimento total do cabo de extensão.

Instalação passo a passo

Depois de termos visto em detalhes a descrição do hardware wireless que utilizaremos para nossa WLAN, vejamos o processo de instalação de cada dispositivo mostrado de forma detalhada.

Instalação dos adaptadores de rede |||||||||||||||||||

A seguir mostraremos como instalar os dois dispositivos de rede. Embora o processo seja similar em ambos os dispositivos, já que possuem diferentes interfaces de conexão (um é PCI e o outro USB), é conveniente conhecer os pormenores da instalação de cada um dos modelos.

Instalação do adaptador passo a passo |||||||||||||||||

1. Após desligar o computador, abra o gabinete do mesmo e encontre um slot PCI disponível.

2. Insira a placa de rede.

3. Ligue o computador.

4. Ao iniciar a computador, o Windows reconhecerá o novo dispositivo de hardware que foi instalado no equipamento e lhe perguntará se você deseja conectar-se ao serviço do Windows Update para buscar os drivers correspondentes a essa placa. Selecione a opção **Não, não agora** e dê um clique no botão **Avançar**.

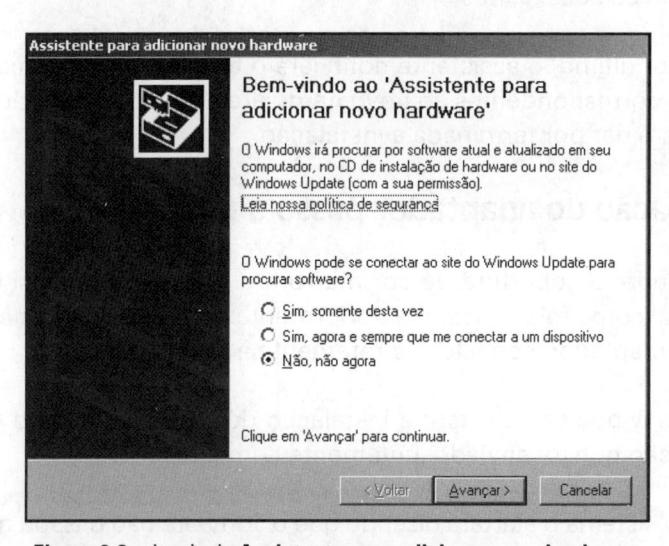

Figura 6.3.: Janela do **Assistente para adicionar novo hardware**.

Configuração

81

5. Insira o CD de instalação incluído com o adaptador de rede. Selecione a opção **Instalar o software automaticamente (recomendável)** e pressione o botão **Avançar**.

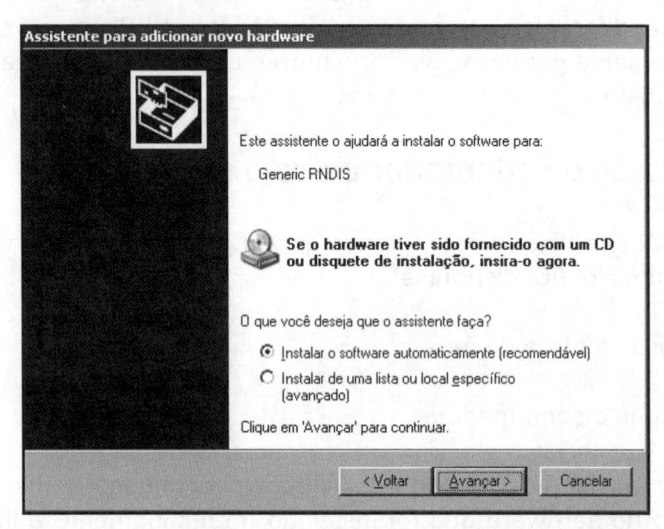

Figura 6.4.: Clique na opção **Instalar o software automaticamente (recomendável)**.

6. O sistema buscará os drivers em todas as unidades e instalará os arquivos necessários.

7. Por último, o assistente notificará o término da instalação dos drivers correspondentes ao novo hardware. Pressione o botão **Finalizar** para dar por terminada a instalação.

Instalação do adaptador passo a passo

1. Retire a cobertura de cor marrom e coloque o dispositivo na base, tal como foi explicado anteriormente. Em caso de não necessitar do adaptador, conecte-o diretamente à porta USB.

2. O Windows solicitará a instalação dos drivers. Insira o CD de instalação que foi enviado juntamente com o dispositivo.

3. O sistema o alertará dizendo que o software não passou na prova de verificação de compatibilidade com Windows XP. Mesmo assim, pressione o botão **Continuar** para prosseguir com a instalação.

4. O sistema operacional manipulará os arquivos que forem necessários instalar. Pressione o botão **Finalizar** para terminar a instalação.

5. Finalizada a instalação dos dois adaptadores de rede, é bem provável que estes já se reconheçam entre si e intentem uma comunicação. Por ora, esperaremos a instalação do roteador para continuar.

Instalando o roteador

Chegou um dos momentos mais esperados na instalação de toda rede wireless: a instalação do roteador sem fio. Esse dispositivo se encarregará de conectar nossa rede e protegê-la com seu firewall, além de possibilitar o compartilhamento de Internet e até funcionar como servidor DHCP. Não é pouco o que esse dispositivo nos oferece, motivo pelo qual é fundamental realizar uma boa configuração. Existem duas opções para a configuração de um roteador ou *Access Point*. A primeira consiste em instalar o software incluído no CD do fabricante. A segunda alternativa é acessar o dispositivo por meio de um navegador Web e ir diretamente até o software que se encontra dentro do roteador (no *firmware*).

Concentremo-nos na instalação a partir do navegador Web, já que ela é o meio mais comum para instalação de qualquer *Access Point* ou roteador.

Instalação do roteador passo a passo

1. Conecte o roteador à rede elétrica.

2. Conecte o cabo UTP, ligando-o de uma placa de rede Ethernet até a porta WAN de seu roteador.

3. Execute um navegador Web como, por exemplo, o Internet Explorer.

4. No caso de nosso roteador, insira o IP 192.168.0.1, que é o endereço padrão do roteador na rede, na barra de endereços.

5. Insira como nome de usuário a palavra *admin* e deixe o campo da senha em branco. Aperte o botão **OK**. Essa configuração inicial funciona na maioria dos roteadores do mercado.

6. A seguir, aparecerá o programa de configuração do dispositivo. Para uma configuração inicial rápida e precisa pressione o botão **Run Wizard**.

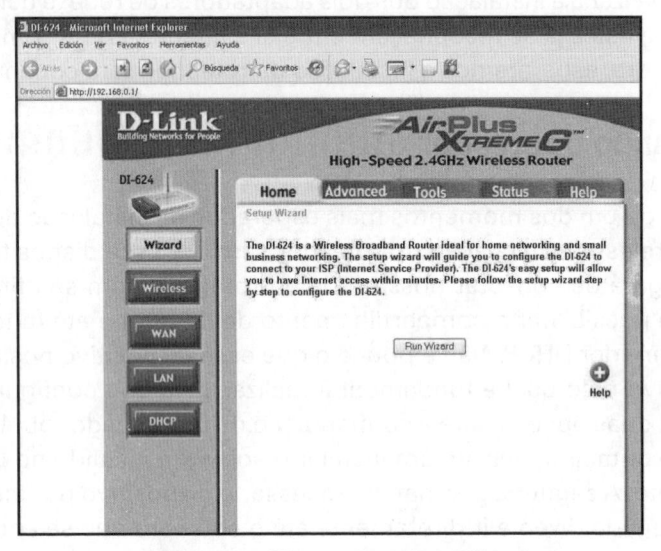

Figura 6.5.: Clique no botão **Run Wizard**.

7. Nessa tela aparecerá uma descrição do que será configurado mais adiante: o novo password do roteador, o fuso horário, a conexão à Internet, a LAN e, por último, o reinício do dispositivo para que este adote a nova configuração.

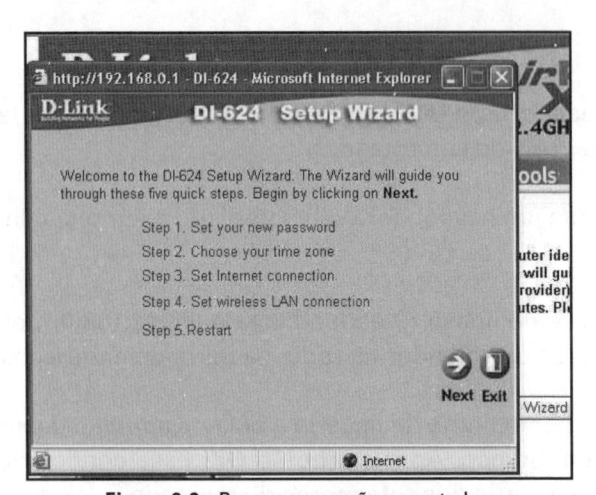

Figura 6.6.: Passos que serão executados.

8. Nessa tela configure a nova senha do usuário *admin*, que é o administrador do dispositivo. Reinsira a senha no campo que está abaixo do primeiro. Pressione **Next** para continuar.

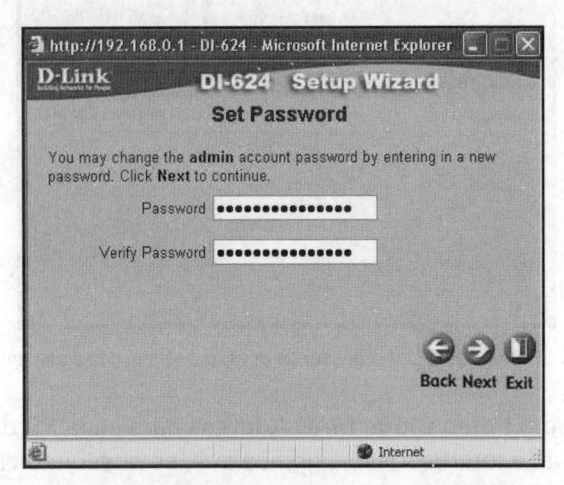

Figura 6.7.: Modifique a senha do usuário *admin*.

9. Especifique o fuso horário em que você se encontra e pressione o botão **Next** para continuar com a instalação.

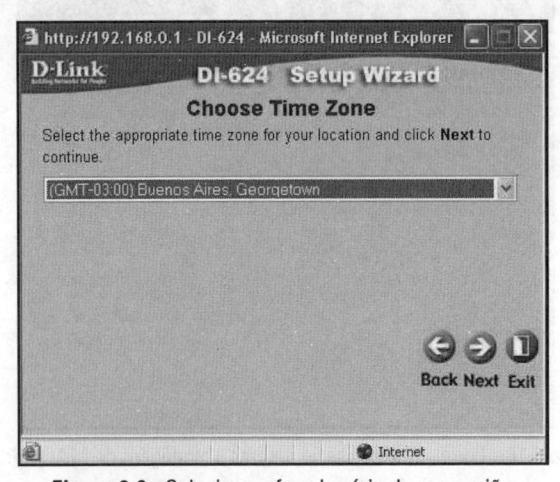

Figura 6.8.: Selecione o fuso horário de sua região.

10. Defina de que forma o provedor de Internet faz a designação de seu endereço IP. Selecione a primeira opção, **Dynamic IP Address**, já que é a forma mais habitual de distribuição de IPs.

Configuração

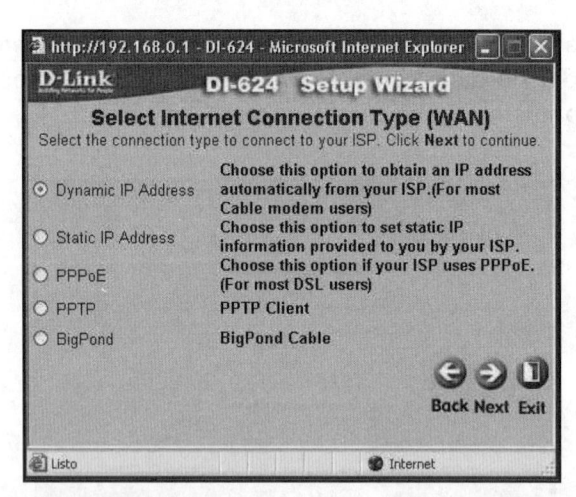

Figura 6.9.: Defina como seu provedor de acesso distribui e fixa seu endereço IP.

11. Clique o botão **Clone MAC Address** para cada PC da rede que possa acessar a Internet. Isso significa que, se possuímos cinco computadores que têm permissão para acessar a Internet, deveremos pressionar esse botão cinco vezes.

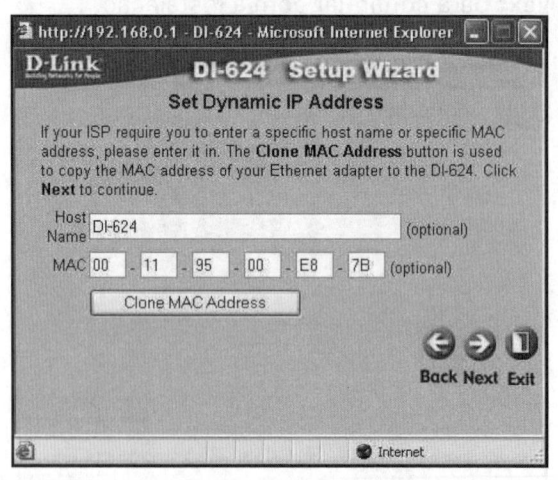

Figura 6.10.: Pode ser necessário realizar a clonagem do MAC Address padrão do roteador para as placas dos PCs que têm acesso à Internet.

12. A seguir, deve-se inserir o nome da rede. O SSID é o nome que identifica a rede, necessário para conectar-se a ela. Defina um nome, como *Casa* ou *Escritório*, por exemplo.

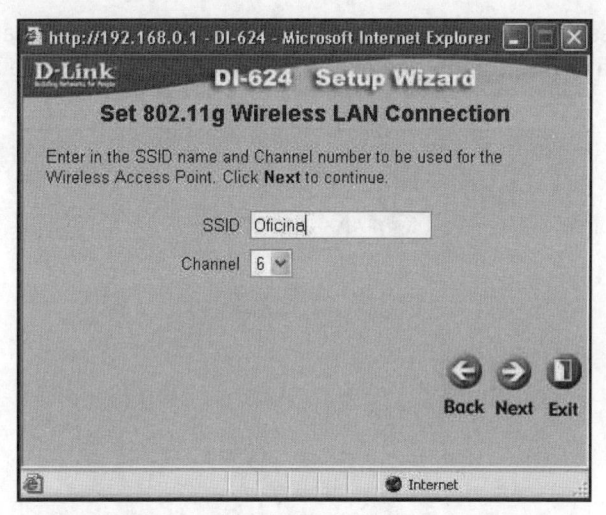

Figura 6.11.: Defina um nome para o SSID de sua rede.

13. O sistema lhe pedirá que defina o tipo de criptografia de segurança que será usado na rede. Marque a opção **Enabled** (habilitado) e, em **Wep encryption** selecione a opção **64 Bit**.

14. Na linha **Key**, insira uma chave de 10 caracteres. Os adaptadores de rede devem ser configurados na mesma chave para poder acessar a WLAN; caso contrário, não poderão fazê-lo. Por fim, anote em um lugar seguro a tal chave e use-a para posteriores configurações.

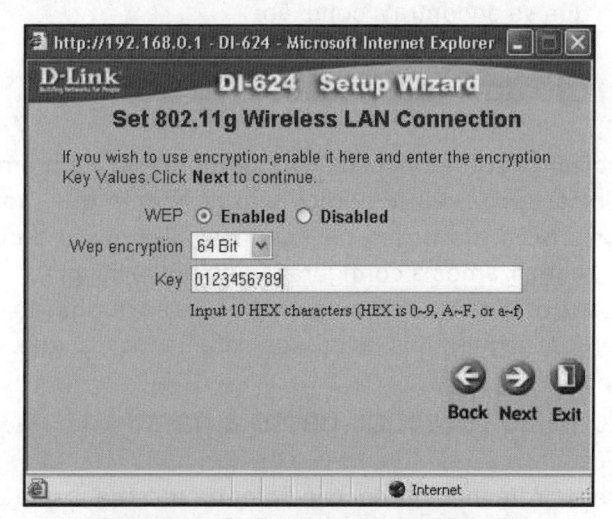

Figura 6.12.: Configurando a criptografia WEP.

Configuração

15. Pressione o botão **Restart**. Essa ação reiniciará o roteador e fará com que a configuração que acaba de ser efetuada torne-se ativa.

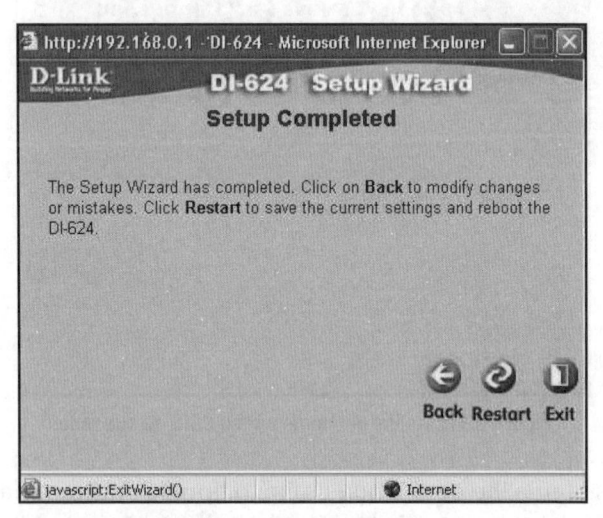

Figura 6.13.: Clique o botão **Restart**.

16. Por último, configure o nome da rede nas placas, assim como o número de SSID (nesse caso, *Oficina* e *012345678g*). Para fazê-lo, dê um clique no ícone que está ao lado do relógio do sistema com a forma de dois computadores. Escreva o nome da rede e o número de SSID. Aparecerá uma mensagem mostrando o nome da rede e o estado em que se encontra a conexão.

Substituição do IP do roteador

Uma coisa de suma importância que pode ser feita em relação ao roteador é trocar seu IP. Vimos anteriormente que, ao acessar o roteador a partir de nosso navegador, utilizamos o endereço IP 192.168.0.1 e realizamos a configuração do dispositivo.

Agora, se por questões da rede nos vemos na obrigação de trocar esse endereço, seguiremos os passos detalhados a seguir.

Troca do IP do roteador passo a passo

1. Entre no roteador ou *Access Point* da mesma forma como foi feito anteriormente, mas agora clique no botão **LAN**.

2. Na aba **Home**, localiza-se a caixa de texto **IP Address**. Insira nela seu novo endereço IP.

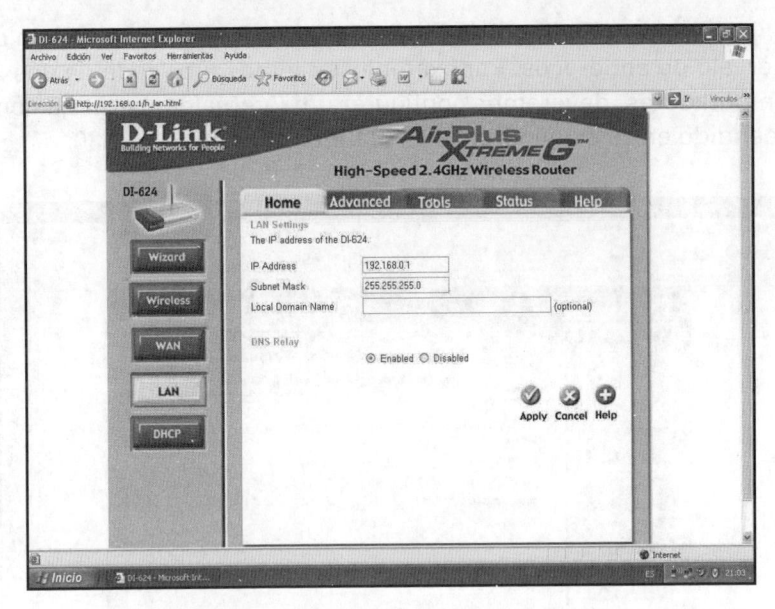

Figura 6.14.: Insira o novo endereço IP.

3. Pressione o botão **Apply** para ativar a nova configuração. A troca do IP pode ser fundamental para adaptar o *Access Point* ou roteador da rede que estamos configurando.

Ativar o servidor DHCP

Tenhamos em conta que o servidor DHCP é um serviço que se encarrega de definir endereços IP nos computadores de nossa rede. Por tal motivo, ativar e configurar esse serviço pode ser especialmente importante.

Ativando o servidor DHCP passo a passo

1. Acesse o roteador por meio do navegador Web. Clique o botão **DHCP**.

2. Ative o serviço dando um clique na opção **Enabled** (ativar).

Configuração

3. No campo **Starting IP Address**, insira o primeiro IP (unicamente os três últimos números) que será parte da lista de IPs da rede.

4. No campo **Ending IP Address**, insira o IP que será o último do intervalo de endereços. Por exemplo, se temos uma rede de uns 20 computadores, deveremos configurar um intervalo que esteja compreendido entre os endereços IP 192.168.0.10 e 192.168.0.30.

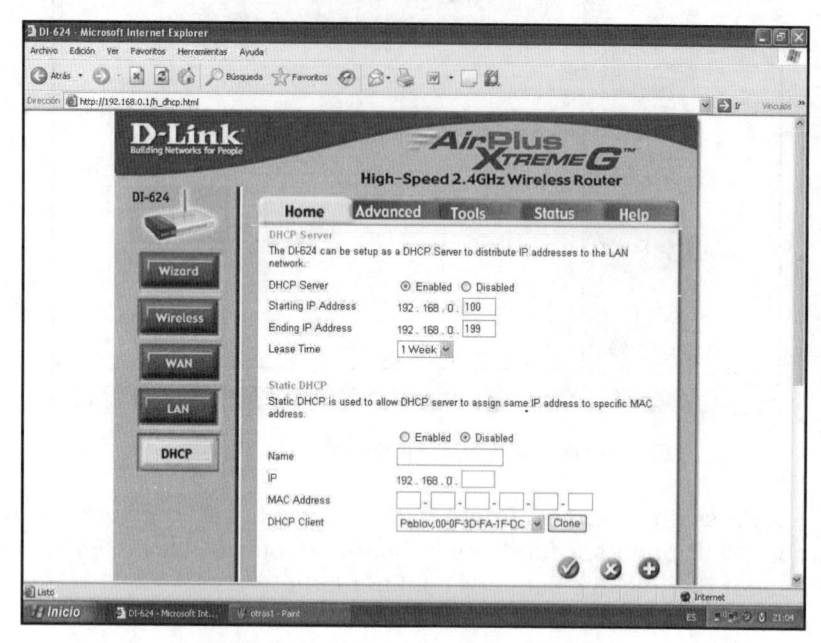

Figura 6.15.: Configuração do servidor DHCP.

5. Terminado. Daqui por diante, o servidor DHCP fará a distribuição, de forma aleatória, de endereços IP para todos os computadores de nossa rede.

Mudar a senha

Como vimos anteriormente, a senha do dispositivo está em branco quando o dispositivo sai da fábrica. Ao acessar o roteador pela primeira vez, apenas dizemos à tela de login que nosso usuário chama-se *admin* e pressionamos a tecla **Enter** ou o botão **OK**, entrando a seguir no dispositivo.

Isso ocorre porque o produto é novo, mas, uma vez instalado, necessitaremos criar uma senha segura, para que ele não possa ser invadido.

Vejamos então os passos para configurar a senha do administrador.

Trocar a senha passo a passo ||||||||||||||||||||||||||||

1. Entre no roteador por meio do navegador Web.

2. Acesse a aba **Tools**.

3. Dê um clique em **Admin**. Na linha **New Password**, insira a nova senha. Escreva-a novamente em **Confirm Password** para confirmá-la.

4. Se desejar, você também pode configurar uma senha de usuário na parte inferior dessa tela. Esse será um usuário com menos permissões de acesso. Portanto, não o utilize para administração do dispositivo.

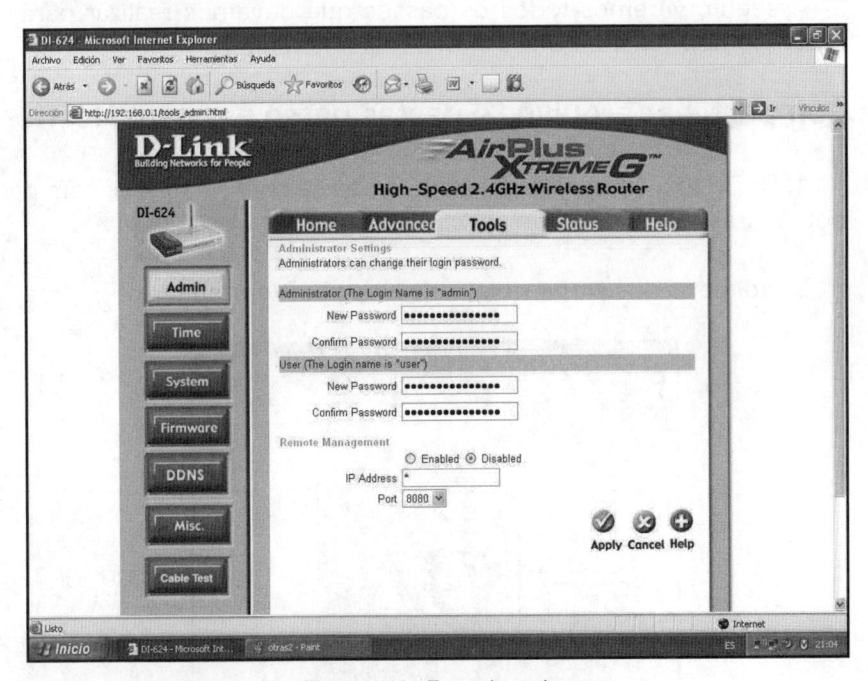

Figura 6.16.: Troca de senha.

5. Pronto, a senha foi modificada. Dessa maneira, ganharemos maior segurança no ambiente de rede.

Compartilhar recursos

O propósito de toda rede de dados, seja ela uma rede wireless ou uma cabeada, reside em poder compartilhar tanto informação quanto dispositivos. Por esse motivo, é especialmente importante saber como compartilhar recursos dentro de uma rede.

A seguir, saberemos de que maneira podemos compartilhar diretórios e impressoras em nossa rede WLAN.

Compartilhar arquivos e diretórios |||||||||||||||||||||||

O processo para conseguir compartilhar pastas é muito simples quando é utilizado dentro do ambiente Windows. Apenas seguindo alguns passos, conseguiremos que em nossa rede o resto dos usuários vejam as pastas que desejamos compartilhar com eles.

A seguir, veremos todos os passos que devemos realizar para poder compartilhar arquivos com o resto da rede.

Compartilhar arquivos e pastas passo a passo |||||||||

1. Dirija-se à unidade ou pasta que deseja compartilhar e, com o botão direito do mouse, dê um clique sobre ela.

2. No menu que surgir, selecione a opção **Propriedades**.

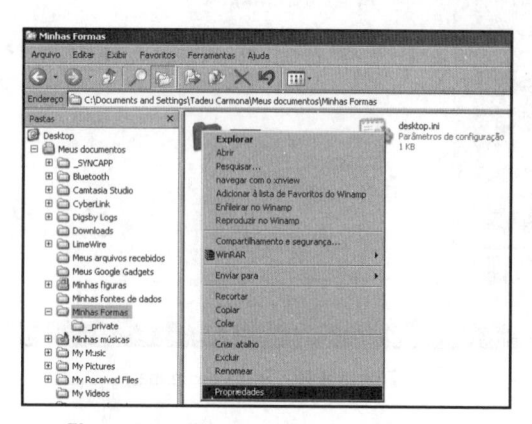

Figura 6.17.: Pasta que será compartilhada.

3. Surgirá uma janela com três abas: **Geral, Compartilhamento** e **Personalizar**. Dê um clique na segunda e, na seção **Compartilhar esta pasta na rede**, clique na caixa de texto **Compartilhamento** e escreva o nome com o qual a pasta será vista da rede. Esse nome pode ser diferente do nome que a pasta possui na unidade e somente serve para que ela seja encontrada na rede.

4. Para que os demais usuários de sua rede sem fio estejam habilitados para alterar os arquivos do diretório compartilhado, selecione a opção **Permitir que os usuários da rede alterem meus arquivos**.

5. Finalmente, dê um clique em **Aplicar** e a seguir em **OK** para armazenar as alterações realizadas.

Compartilhar a impressora

Um dos dispositivos mais importantes a se compartilhar é a impressora. Essa é uma das tarefas que se realiza mais frequentemente durante a instalação de uma rede, pouco importa se falamos de rede wireless ou cabeada.

Compartilhar esse periférico nos trará a possibilidade de realizar uma impressão centralizada, evitando assim a aquisição de uma impressora para cada usuário da rede. A seguir, veremos de forma detalhada como se realiza essa tarefa.

Compartilhamento de impressoras passo a passo

1. Dê um clique no botão **Iniciar**.

2. Dirija-se a **Impressoras e aparelhos de fax**.

3. Dentro da tela que será aberta, dê um clique no botão direito do mouse e selecione a opção **Compartilhamento**.

4. Por último, acesse a aba **Compartilhamento** e dê um clique sobre **Compartilhar esta impressora**, introduzindo a seguir o nome com o qual a impressora será compartilhada na WLAN.

Capítulo 7

Casa inteligente

Neste capítulo, aprenderemos como podemos construir uma casa inteligente com dispositivos wireless. Além disso, veremos toda a tecnologia disponível no mercado para realizar essa tarefa.

A casa inteligente

Uma das coisas que mais surpreende as pessoas em geral são os avanços tecnológicos que aumentam a comodidade e o conforto caseiros. Frequentemente surgem na televisão engenheiros japoneses mostrando seus robôs futuristas que trabalham como empregados, e pensamos que gostaríamos de ter um deles em nossa casa para as tarefas domésticas e até para divertir as crianças.

O único inconveniente da tecnologia que produz robôs é que, por enquanto, é demasiado cara. Por conta disso, transcorrerão vários anos antes que possamos desfrutar de seus serviços.

Algo que se encontra ao nosso alcance, e que facilitará algumas de nossas tarefas, são as casas inteligentes. Originalmente, essas casas eram vistas pela televisão e somente afortunados como Bill Gates e os garotos ricos de Silicon Valley podiam ter acesso a esse estilo de vida único e glamoroso.

Atualmente, graças à baixa nos custos de muitos componentes, podemos instalar uma casa bastante funcional e moderna, com todos os avanços wireless mencionados em outros capítulos. Além disso, podemos agregar-lhes alguns outros. Sobretudo, dispositivos orientados à diversão das crianças menores e outros disponíveis para nosso uso.

Pensando neste capítulo, imaginamos que o leitor se interessaria em ter um resumo sobre o que são casas inteligentes que lhe desse ideias sobre como fazer de sua casa – ou da de outros – uma casa inteligente, sem investir recursos milionários.

A ideia é instalar uma rede wireless, somando a ela mais alguns poucos dispositivos. Com essas características, teremos uma casa wireless para nossa comodidade e a inveja de nossos vizinhos mais próximos.

Algumas casas inteligentes famosas

Apesar de parecer um tema extraído de uma novela de ficção científica, na atualidade existem algumas casas inteligentes. A seguir, citamos dois exemplos delas e veremos suas características mais evidentes.

A casa de Bill Gates

É uma das mais modernas e seu custo se aproximou dos 53 milhões de dólares. Está edificada no meio de um bosque, às margens do lago Washington. Possui sistemas que permitem a economia de energia. O edifício localiza-se em uma zona sísmica (propensa a terremotos), motivo pelo qual sua estrutura é reforçada para resistir aos ataques da natureza. A casa é construída com madeira e aço inoxidável.

Em termos de tecnologia, a residência está completamente cabeada com fibra óptica, e os PCs da casa conectados com Windows. Cada aposento conta com telas sensíveis ao toque que permitem controlar a iluminação, a música e a climatização, entre outras comodidades.

Cada vez que chega um visitante, ele recebe um pin (ponto) eletrônico para que possa ser localizado a todo o momento durante sua estadia na casa. Esses são os últimos dados que se têm dela, mas não seria de se estranhar se Bill Gates tivesse investido ainda mais para adquirir soluções wireless para seu lar inteligente.

Figura 7.1.: A impressionante mansão de Bill Gates, com tudo o que um apaixonado por computadores possa desejar.

O projeto da Cisco

Já faz um tempo, a Cisco propôs implementar nas ruas de Londres lares inteligentes que deem a seus habitantes o manejo constante de tecnologia aplicada à vida doméstica. Tudo, claro, baseado em uma rede doméstica.

A rede tem como centro um roteador Cisco que faz a ponte com a Internet. Nas casas haveria um computador principal com um servidor Web ao qual se poderia acessar a partir de qualquer outro computador (por meio de um navegador Web), tendo um controle completo da casa.

De todo jeito, o controle poderia ser feito a partir dos computadores localizados em dois dos dormitórios da casa, a partir do computador do escritório, desde o portátil da cozinha ou desde um *pad* sem fio portátil. Este último poderia ser utilizado como os atuais controles remotos do televisor, do reprodutor de DVDs ou do *micro system*.

Em relação à segurança, possuiria câmeras no interior e exterior. No ambiente das crianças, instalariam-se câmeras com o propósito de vigiar os movimentos destas, tanto a partir dos computadores como também via Internet. Também contariam com um sistema encarregado da gestão de energia que controlaria a iluminação e a temperatura em cada um dos ambientes. Obviamente, cada uma das características desses lares inteligentes é 100% programável pelos habitantes dos mesmos.

Dispositivos Wi-Fi caseiros

Nestas páginas incluímos a descrição de alguns dispositivos wireless que serão de suma utilidade ao construirmos uma casa inteligente.

Cliente wireless

Para integrar dispositivos com o uso de cabos e conectores Ethernet (como consoles de videogame, notebooks e PCs) com uma rede sem fio, não é imprescindível instalar uma placa de rede wireless. Recentemente, foram lançados no mercado alguns dispositivos chamados *clientes wireless*. Esses clientes nos permitem recuperar dispositivos com comunicação de cabos Ethernet e convertê-los em dispositivos wireless, já que possuem uma porta Ethernet para a conexão do velho dispositivo e uma antena para fazer a conexão wireless.

Esse tipo de dispositivo é muito útil para desfrutar de Internet a partir de um console de jogos para que se possa jogar na Web aproveitando a rede wireless caseira. Também podemos converter nosso console em mais um host da rede e, dependendo das características do aparato, convertê-lo em um reprodutor de DVD (muito comum em vários videogames). Este poderá ser acessado via comunicação sem fio a partir de qualquer outro computador da rede para que seja utilizada sua função de reprodução do formato DVD.

Todas essas características permitem que a integração dos dispositivos seja cada vez mais simples e necessite de menos configurações.

Figura 7.2.: Os clientes wireless nos permitem expandir as possibilidades da rede wireless.

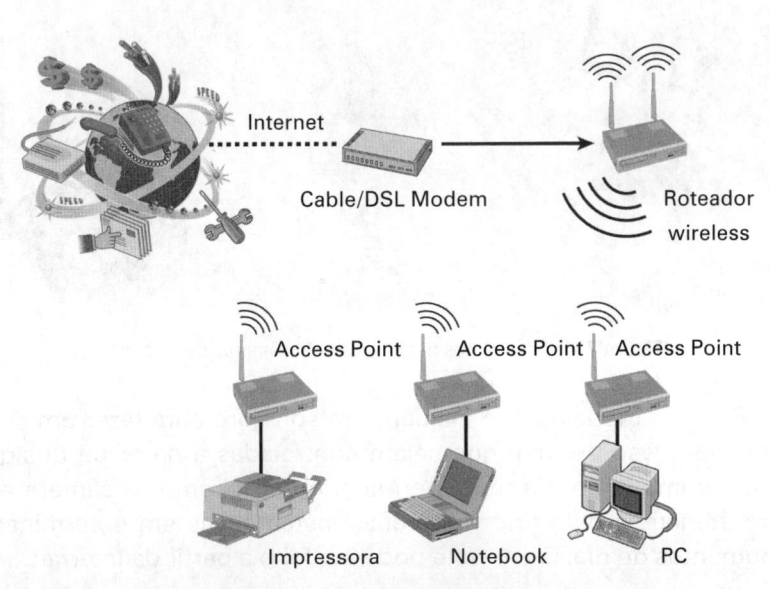

Figura 7.3.: No diagrama, vemos como podemos integrar dispositivos cabeados em uma rede wireless graças aos clientes wireless.

Casa inteligente

Câmeras de segurança ||||||||||||||||||||||||||||||||||||

Outros dispositivos que são de suma utilidade na hora de montar uma casa inteligente são as câmeras de segurança wireless. Essas câmeras estão a cada dia menores, qualidade que as torna mais fáceis de ocultar à vista dos intrusos. Como características principais, podemos dizer que, em sua maioria, possuem uma taxa de transferência de 54 Mbps, graças à qual possuem compatibilidade com o padrão 802.11g. Também são accessíveis a partir da Internet, o que as torna muito úteis para vigiar bebês ou crianças revoltadas.

A maioria desses dispositivos inclui zoom e a possibilidade de se obter fotos instantâneas que podem ser armazenadas em nossos discos rígidos.

Também existem algumas câmeras que podem ser utilizadas em exteriores, mas são um pouco mais caras. Além disso, são feitas de um material que evita o desgaste das intempéries e conseguem fotografar e gravar vídeos com tecnologia infravermelha. São perfeitas para casas com jardins ou entradas amplas na frente da residência como pátios ou jardins.

Figura 7.4.: Aqui vemos um conjunto de câmeras de segurança.

Existem modelos que incluem um software para fazer um servidor Web. Isso permite que sejam controladas a partir de qualquer outro computador da rede, permitindo que giremos a câmera ou a programemos para tirar fotografias instantâneas em determinados momentos do dia. O controle pode ser feito a partir da Internet.

Vale dizer que no mercado existem câmeras que possuem microfone incorporado. Desse modo, podemos gravar também conversas, ou ruídos relacionados com as travessuras das crianças.

Set Top Boxes

Trata-se de mais um dos dispositivos que se costuma colocar em uma casa inteligente, especialmente nos locais onde a televisão ocupa um lugar preponderante na família. Esses dispositivos possuem acesso à Internet e decodificam os sinais de televisão digital tanto via satélite como via cabo. Para a televisão, os *Set Top Boxes* permitem serviços sumamente interativos, como eleição de programação, correio eletrônico, programação remota do equipamento etc. Para conseguir ver televisão de alta definição deveremos, além de contar com um Set Top Box, ter também um processador muito potente, serviço de Internet de banda larga, um navegador Web e um cliente de correio eletrônico.

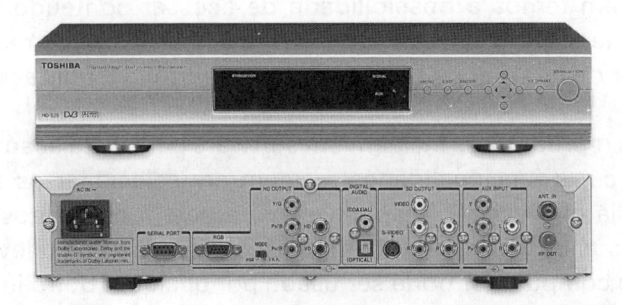

Figura 7.5.: Aqui podemos apreciar um *Set Top Box*. Na parte posterior do equipamento, encontramos uma grande quantidade de conexões que podemos realizar.

Multimídia wireless

Outra boa notícia para quem deseja montar uma casa wireless inteligente é a possibilidade de ter dispositivos multimídia que possam reproduzir todos os formatos existentes atualmente. Várias empresas estão comercializando reprodutores multimídia multiformato que podem ler os seguintes tipos de arquivos: MP3, WMA, JPG, JPG2000, MPEG (1, 2 e 3), AVI, QuickTime, BMP, TIFF, GIF e PNG.

Figura 7.6.: Visão de um equipamento multimídia wireless da empresa D-Link.

Além disso, esses dispositivos podem ser acessados a partir do computador, televisor ou equipamento de áudio, já que contam com uma conexão wireless 802.11B ou G. Isso os converte em um host de entretenimento dentro da estrutura de uma casa inteligente. Usando-se esse dispositivo, pode-se acessar a um PC da rede, enviando o arquivo para reprodução no televisor. Isso evita o uso do PC para a reprodução de formatos multimídia.

Também temos a possibilidade de acessar conteúdo multimídia on-line a partir do televisor, sempre que disponhamos de um provedor de Internet de banda larga que permita a utilização desse serviço.

Esses reprodutores incluem um software para instalação no computador cujas funcionalidades residem em selecionar os arquivos multimídia que estarão disponíveis para serem acessados a partir do televisor. Inclusive, permitem assistir a um vídeo no televisor, enquanto o computador pode ser usado por qualquer outro integrante da família de forma simultânea.

Automatização

A automatização é uma das características que permitem que a casa seja realmente inteligente. Os novos desenhos de casas inteligentes, principalmente os mais avançados e custosos, contam com a automatização total de todos os acessos a ela: iluminação, sistemas de calefação e refrigeração, câmeras de segurança, sistema anti-incêndio, música ambiental etc.

Por meio de um painel com tela de cristal líquido podemos configurar a automatização das portas da casa para que, por exemplo, abram-se em determinada hora do dia. Também podemos visualizar a partir do televisor a porta de entrada, assim como o resto da casa.

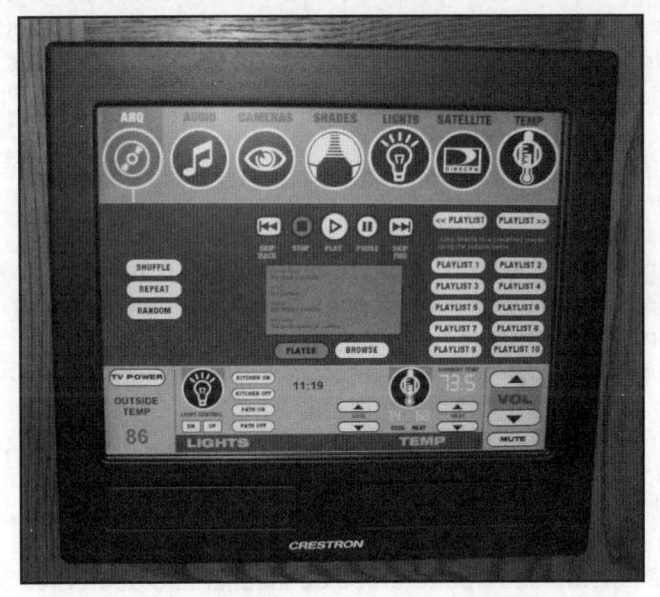

Figura 7.7.: Na imagem vemos um controle de casa inteligente.

Outro ponto importante é a possibilidade de controle da temperatura. Esses dispositivos nos permitem determinar a temperatura de nossos aposentos a qualquer hora do dia. Por exemplo, se desejamos certa temperatura às cinco da tarde e outra às sete da manhã, não temos de fazer mais do que configurá-lo em nosso comando central.

Isso é muito útil principalmente nos meses de inverno, já que poderemos configurar nosso dispositivo para que aumente a temperatura a uma determinada hora, por exemplo, antes de levantarmos para ir trabalhar. Outra vantagem trazida por esse tipo de automatização é a do manejo da iluminação. Essa vantagem se baseia na possibilidade de controlar as luzes de toda a casa a partir de qualquer localização dentro da residência, tanto em relação à intensidade como em relação ao acender e apagar programáveis.

Na garagem da casa, é possível instalar portões automáticos que se abram a partir do interior desta e se fechem a partir de um comando enviado por outro setor da residência.

Telefonia IP

Um dos aspectos de maior importância que devemos ter em conta na estrutura de uma casa inteligente é o das comunicações. O tipo de telefonia que se está impondo progressivamente, graças a suas modernas características e baixo custo, é a telefonia IP (VoIP).

Esse tipo de telefonia permite a comunicação por meio de *Internet Protocol* (IP). A seguir, incluímos uma lista na qual enumeramos suas características mais importantes:

- Permite a conexão com a rede telefônica tradicional.
- É independente do tipo de rede física que a suporta.
- Possibilita a integração com as grandes redes IP atuais.
- É independente do hardware utilizado.
- Pode ser implementada tanto em software como em hardware.
- As tarifas são mais econômicas.
- Permite fazer videoconferência (dependendo do dispositivo utilizado).

Para implementar essa tecnologia, devemos considerar que os aparatos telefônicos que teremos de instalar são diferentes dos utilizados atualmente, pelo fato de suportarem a conexão de placas Ethernet e, em consequencia, dispõem de um MAC Adress por dispositivo telefônico.

Arquitetura de rede

O padrão de voz sobre IP define três elementos fundamentais em sua estrutura:

- Terminais: são os substitutos dos telefones atuais. Podem ser implementados tanto em software como em hardware.
- *Gatekeepers*: formam o centro da tecnologia de VoIP e são os substitutos das centrais telefônicas atuais. Em geral, são implementados via software e todas as comunicações passam por eles.
- *Gateways*: representam a conexão com a rede de telefonia tradicional, e são transparentes para o usuário.

As companhias de telefonia estão levando muito a sério a telefonia IP. Não deveríamos nos surpreender se, em um futuro não muito distante, todas as comunicações telefônicas que se realizam no mundo, tanto em telefones de rede como em celulares, fossem feitas mediante Voz sobre IP.

Figura 7.8.: Nessa imagem podemos apreciar diferentes modelos de telefone IP disponíveis na atualidade.

Servidores de impressão

Se possuirmos uma casa inteligente com rede wireless, mas nossas impressoras têm cabos com conectores USB ou porta paralela, não devemos nos preocupar. Surgiram no mercado dispositivos que nos permitem transformar nossas impressoras cabeadas em impressoras wireless.

Figura 7.9.: Qualquer desses *print servers* nos permitem conectar uma impressora à rede sem fio.

Casa inteligente

Existem várias empresas que estão desenvolvendo dispositivos que convertem as impressoras em um host wireless de nossa WLAN. Esses dispositivos costumam ser compatíveis com os padrões 802.11 G e B. Além disso, suportam os protocolos de rede mais comuns atualmente: TCP/IP, SMB (*Service Message Block*), AppleTalk (*EtherTalk*), e NetBEUI, entre outros.

A respeito da utilidade da administração, esta se baseia na configuração por meio de navegadores Web ou remota via protocolo SNMP (Simple Network Management Protocol).

Jogos e diversão

Existem produtos que há alguns anos não imaginaríamos importantes em um lar, como por exemplo, os consoles de jogos. Ainda que fundamentalmente sejam as crianças que os utilizem, há muitos adultos que também são fanáticos por videogames desde seus primórdios nos anos 1980.

Em todas as casas inteligentes ou modernas existe um espaço dedicado aos jogos, em especial, aqueles que se conectam ao televisor ou ao computador e utilizam o *living* da casa como lugar de diversão.

Existem consoles inovadores aos quais se pode agregar um adaptador wireless e converter em mais um host de nossa rede. Além disso, também podem ser acessados a partir de qualquer PC da WLAN e, por exemplo, reproduzir DVDs ou CDs de áudio. Esses dispositivos servem, inclusive, para comunicar dois consoles e poder jogar contra outro jogador localizado na mesma casa ou em qualquer outro lugar dela.

Por exemplo, o console de jogos da Microsoft, o Xbox, possui um sensor com o qual se comunica com os *gamepads* sem fio desse fabricante. Também incluem três portas USB 2.0, com Wi-Fi 802.11 (A, B e G) para conexão wireless à Internet e suporte para televisores de alta definição (HDTV).

Todas as características que nomeamos os fazem ideais para uma casa inteligente, onde adultos e crianças possam se divertir com essa tecnologia.

Figura 7.10.: Vemos aqui três consoles populares na atualidade: Nintendo Game Cube, Microsoft Xbox e Sony Playstation 2 (PSP).

Qual a solução?

Já vimos boa quantidade de informação a respeito das casas inteligentes e suas vantagens. Mas agora veremos com mais profundidade cada um dos recursos que elas nos oferecem.

Em relação às soluções multimídia, estas, além de poderem ser usadas por uma única pessoa, também podem ser compartilhadas por todos os integrantes da casa sem necessidade de exclusividades. Isso representa uma economia de dinheiro, já que, contando com somente um desses dispositivos, todos podem reproduzir formatos multimídia sem a necessidade de que haja um aparelho por pessoa. Os responsáveis por isso são os reprodutores multiformato, que podem ser compartilhados por toda a casa mediante uma rede wireless.

Em relação às comunicações de voz que podemos usar dentro de uma casa inteligente, seguramente a Voz sobre IP constitui a solução ideal. Como dissemos antes, baseia-se no protocolo IP e representa uma solução moderna e de baixo custo em comparação com a telefonia convencional. O único inconveniente é o preço do aparato telefônico, embora existam funcionalidades como a videoconferência e o envio de correio eletrônico a partir do mesmo dispositivo. Essas qualidades, entre outras, os tornam muito interessantes para novas casas inteligentes, com custos que estão sendo reduzidos pouco a pouco.

Outro grande atrativo desse tipo de casa são as redes sem fio. Com todos os temas desenvolvidos neste livro, mais os produtos que vimos e estudamos neste capítulo, podemos montar uma casa extremamente moderna e com todos os acessórios tecnológicos mais recentes, e prover, assim, funcionalidade e inovação ao nosso lar.

Convém esclarecer que, se desejamos instalar telefonia sem fio, em lugar de adotar a telefonia IP em nosso domicílio ou aceitar opções do operador de telefonia inadequadas para nossas necessidades, deveremos nos certificar de que os dispositivos não utilizem a banda de 2,4 GHz. Isso evitará interferências na rede wireless, que, como vimos, usa a banda de 2,4 GHz.

É aconselhável adquirir telefones sem fio que trabalhem na frequência de 900 MHz ou de 5,8 GHz. Também recomendamos adquirir telefones celulares que possam se comunicar com a rede por meio do padrão Bluetooth. Como sugestão adicional, devemos assegurar-nos de que o telefone suporta o padrão e agregar à rede um adaptador Bluetooth. Dessa forma, converteremos nosso telefone celular em um host da rede capaz de compartilhar informação armazenada e inserir nele outros dados a partir da rede. Essa integração é cada vez mais um padrão a seguir.

O futuro das casas inteligentes

Atualmente, consideramos as casas inteligentes algo pouco comum dentro de nossa sociedade. Em geral, ficamos sabendo unicamente das casas mais caras que são mostradas nos meios de comunicação e não pensamos que se pode montar uma casa inteligente sem a necessidade de ser um excêntrico multimilionário. Os custos ainda são altos, mas ao alcance de muitos.

Por tais motivos, seu uso ainda não se difundiu como se esperava. Se houvesse sido assim, também haveríamos baixado consideravelmente os custos dos dispositivos e das tecnologias que utilizam.

De todo jeito, nos próximos anos todas ou quase todas as casas serão inteligentes. Possuirão dispositivos que se comunicarão entre si como hosts de uma mesma rede e nos darão maior segurança. Por exemplo, ao vigiar nossos filhos ou ao evitar a aparição de intrusos, graças à instalação de câmeras cada vez menores e mais eficazes.

No que diz respeito à segurança, não somente teremos imagens, já que, em um futuro não muito distante, todas as câmeras incluirão microfones sensíveis para escutar todas as ocorrências externas. E com a vantagem de ter acesso a essas imagens e sons a partir de qualquer computador conectado à Internet.

A automatização de portões, portas, iluminação etc. será muito comum dentro de alguns anos. Tanto será assim que muitos fabricantes desses dispositivos já estão desenhando portas e portões adaptáveis a soluções de automatização.

Quanto à telefonia, o futuro é da tecnologia IP, a qual será um tipo de comunicação feita via Internet, mas com qualidade. Muitas empresas de telefonia já estão pensando em realizar essa migração para baixar seus custos e os de seus usuários.

As soluções multimídia já são uma realidade nas casas inteligentes e continuarão se desenvolvendo, chegando, seguramente, a possuir somente um dispositivo por casa para a reprodução multimídia. Este poderá ser acessado por todos os outros hosts: o processamento desses formatos recairia nos novos dispositivos e se liberariam os recursos de nossos PCs ou PDAs para outro tipo de processamento, por exemplo, o controle de nossa casa inteligente.

A tecnologia inteligente também chegará às geladeiras. As empresas de alimentos estão preparando chips que serão colocados em seus produtos e que avisarão aos consumidores se, por exemplo, terminou a validade de um alimento, enviando mensagens a seus telefones celulares. O mesmo ocorrerá quando a geladeira perceber que se formou excesso de gelo e tomar por si mesma a decisão de se descongelar.

Para as donas de casa e os amantes da cozinha, as geladeiras serão um aliado cada vez mais valioso, já que os modelos mais futuristas possuirão acesso à Internet para baixar receitas e imprimi-las.

CTP, Impressão e Acabamento - IBEP Gráfica